Paula Tavares

First Portuguese Reader
for beginners
bilingual for speakers of English

LANGUAGE
PRACTICE
PUBLISHING

First Portuguese Reader for beginners
by Paula Tavares

Third edition

Images: Canstockphoto
Graphics by Obsidian Dawn, Tamsin Baker.

Audio tracks: www.lppbooks.com/Portuguese/FirstPortugueseReaderv1_audio/En/

www.lppbooks.com
www.audiolego.de
www.audiolego.com

Table of contents

Alfabeto portuguese
Portuguese Alphabet

Letter	Name	Pronunciation	Letter	Name	Pronunciation
Aa	a	AH	Oo	ó or ô	AW or OH
Bb	bê	BEH	Pp	pê	PEH
Cc	cê	SEH	Qq	quê	KEH
Dd	dê	DEH	Rr	erre	EH-hee
Ee	é or ê	EH	Ss	esse	EH-see
Ff	efe	E-fee	Tt	tê	TEH
Gg	gê	JHEH	Uu	u	OOH
Hh	agá	a-GAH	Vv	vê	VEH
Ii	i	EE	Xx	xis	SHEES
Jj	jota	JOH-tah	Ww	dáblio	DAH-blee-oo
Kk	ká	KAH	Yy	ípsilon	EEP-see-laun
Ll	ele	EH-lee	Zz	zê	ZEH
Mm	eme	EH-mee			
Nn	ene	EH-nee			

Special Letters and Diphthongs

Letters	Portuguese Example	English Translation	Pronunciation
ç	caça	hunt	like English s
nh	tamanho	size	softer than the Spanish ñ
lh	filho	son	like l in pavilion
ch	chá	tea	like sh in shake

Consonants

C   Before "e" or "i" is pronounced like the "s" in English "save". Otherwise like English "k".

Ç   The "cedilha", as it is called, is only used before A,O,U, and as the same sound as the English "s" in "save". For example: "maçã" (apple).

D In European Portuguese, it's just like in English.

G Rules similar to the C: before "e" or "i" is pronounced like the Portuguese J (see below). Example: "gente" (people). The combination GU+vowel deserves a special note: If the vowel is A, the U is pronounced. Example: "guarda" (guard). If the vowel is E or I, the U is not usually pronounced. Examples: "guerra" (war) and "guia" (guide). However, there are a few exceptions where the U is pronounced. These exceptions used to be marked with the "trema" (Ë), but it is not used nowadays. Usually, if the E or I have an accent on them, then the U is pronounced. Example: "Linguística" (Linguistics). Otherwise similar to the "g" in English "great". Example: "garra" (claw).

H Never pronounced.

J Always like the "s" in the English "measure"

M Is it starts a silable, it's just like in english. Example: "macaco" (monkey). At the end of a syllable it is not pronounced, and indicates that the preceding vowel is nasal. Example: "jardim" (garden).

N At the beginning of a syllable it's just like in English. Example: "nada" (nothing). If it ends a syllable, and the syllable is not the last from the word, the N is not pronounced, and indicates that the preceding vowel is nasal. Example: "andar" (to walk).

Q It never occurs alone, but always in the combination QU+vowel.

R At the beginning of a word, or preceded by a consonant, is pronounced hard, like the Fench "r", or the "ch" in Scotish "loch". Examples: "rato" (mouse) and "genro" (son-in-law). Otherwise it has a soft pronounciation, like the spanish "r" in "caro".

S This consonant can have 4 different sounds, depending on its position. Between two vowels in the middle of a word it sounds like Z. Example: "casa" (house). Starting a word or sylable (preceded by a non-vowel) it sounds like the "s" in the English "say". Examples: "sapo" (toad) and "manso" (tame). If it ends a syllable, and the next letter is a B, D, G, L, M, N, R, V, Z it sounds like the J. If it ends a sylable or an isolated word, and the next letter is a C,F,P,T it sounds like the "sh" in English "shine". Examples: "isto" (this) and all the plurals.

X At the beginning of a word, it is pronounced like CH. For example: "xadrez" (chess). At the end of a word it is pronounced like "ks" in English. For example: "sílex" (flintstone). In other positions there is no general rule, and there are even some variation among different people. Some possible sounds:
It sounds like the English "ks" in "táxi" (taxi)
It sounds like the Z in "exame" (exam)
It sounds like the SS in "máximo" (maximum)
It sounds like the CH in "México" (Mexico).

Z At the end of a word, it sounds like CH. Example: "luz" (light).
Otherwise it's just like in English. Example: "zero" (zero).

Word stress

In Portuguese words are usually stressed on the next-to-last syllable. If the word ends in a letter a, o or e (after first subtract any final s, ns or m), the stress falls on the next-to-last syllable. Examples: **fa**lo, fa**la**mos, **di**a, **bai**a, **fa**lam, **mar**gem, **mar**gens. All other words carry the stress on the last syllable. Examples: as**sim**, ca**iu**, sen**ti**, fa**lei**, co**mer**.

If there is an acute accent ('), a circumflex accent (^) or a tilde (~) over a letter, the stress is on that syllable. Except:

- When the expression has both a tilde and an acute or circumflex accent, the tilde does not denote stress. Examples: **só**tão (attic), **bên**ção (blessing/benediction), **ór**fão (orphan).
- When a tilde is in a syllable before the penultimate syllable, it does not specify stress. This occurs in words with suffixes, e.g. Joãozinho (Johnny), sotãozinho (small attic), ir**mã**mente (sisterly).

First Portuguese Reader

Elementary

1

Mike tem um cão
Mike has a dog

A

Palavras
Words

1. aquele - that
2. aqueles - those
3. azul - blue
4. bicicleta - bike
5. bloco de notas - notebook
6. blocos de notas - notebooks
7. bonito - nice
8. cama - bed
9. camas - beds
10. caneta, esferografica - pen
11. canetas, esferograficas - pens
12. cão - dog
13. e - and
14. ele - he
15. eles - they
16. este - this; este livro - this book
17. estes - these
18. estrela - star
19. estudante - student
20. estudantes - students
21. eu - I
22. gato - cat
23. grande - big
24. hoteis - hotels
25. hotel - hotel
26. janela - window
27. janelas - windows
28. José - José
29. Kazuki- Kazuki
30. livro - book
31. loja - shop
32. lojas - shops
33. mesa - table
34. mesas - tables
35. meu - my
36. Mike - Mike
37. muito, muitos - many, much
38. não - not

39.	nariz - nose		52.	quatro - four
40.	novo - new		53.	rua - street
41.	olho - eye		54.	ruas - streets
42.	olhos - eyes		55.	seu - his;
43.	palavra - word		56.	sua cama - his bed
44.	palavras - words		57.	sonho - dream
45.	parque - park		58.	também - too
46.	parques - parks		59.	tem - has; Ele tem um livro. - He has a book.
47.	pequeno - little		60.	ter - to have
48.	Portugal - Portugal		61.	texto - text
49.	preto - black		62.	um - one
50.	quarto/sala - room		63.	verde - green
51.	quartos/salas - rooms			

B

Mike tem um cão

1.Este estudante tem um livro. 2.Ele tem uma caneta também. 3.Porto tem muitas ruas e parques. 4.Esta rua tem hotéis novos e lojas.

5.Este hotel tem quatro estrelas. 6.Este hotel tem muitos quartos bonitos e grandes. 7.Aquele quarto tem muitas janelas. 8.E estes quartos não têm muitas janelas . 9.Estes quartos têm quatro camas. 10.E aqueles quartos têm uma cama. 11.Aquele quarto não tem muitas mesas. 12.E aqueles quartos tem muitas mesas grandes. 13.Esta rua não tem hotéis. 14.Aquela grande loja não tem muitas janelas.

15.Estes estudantes têm bloco de notas. 16.Eles têm canetas também.

17.Mike tem um pequeno bloco de notas preto. 18.Kazuki tem quatro blocos de notas verdes novos. 19.Este estudante tem uma bicicleta. 20.Ele tem uma nova bicicleta azul. 21.José também tem uma bicicleta. 22.Ele tem uma bonita bicicleta

Mike has a dog

1.This student has a book. 2.He has a pen too. 3.Porto has many streets and parks. 4.This street has new hotels and shops.

5.This hotel has four stars. 6.This hotel has many nice big rooms. 7.That room has many windows. 8.And these rooms do not have many windows. 9.These rooms have four beds. 10.And those rooms have one bed. 11.That room does not have many tables. 12.And those rooms have many big tables. 13.This street does not have hotels. 14.That big shop does not have many windows.

15.These students have notebooks. 16.They have pens too.

17.Mike has one little black notebook. 18.Kazuki has four new green notebooks. 19.This student has a bike. 20.He has a new blue bike. 21.José has a bike too. 22.He has a nice black bike. 23.Kazuki has a dream.

preta. 23.Kazuki tem um sonho.

24.Eu também tenho um sonho. 25.Eu não tenho um cão. 26.Eu tenho um gato. 27.O meu gato tem uns bonitos olhos verdes.

28.Mike não tem um gato. 29.Ele tem um cão. 30.O seu cão tem um pequeno nariz preto.

24.I have a dream too. 25.I do not have a dog. 26.I have a cat. 27.My cat has nice green eyes.

28.Mike does not have a cat. 29.He has a dog. 30.His dog has a little black nose.

2

Eles vivem em Porto (Portugal)
They live in Porto (Portugal)

 A

Palavras
Words

1. agora - now
2. americano - American
3. cidade - city
4. comprar - to buy
5. de - from
6. dois - two
7. dos EUA - from the USA
8. ela - she
9. em - in
10. fome - hungry
11. grande - big
12. irmã - sister
13. irmão - brother
14. Japão - Japan
15. japonês - Japanese
16. Linda (nome) - Linda (name)
17. mãe - mother
18. nós - we
19. Portugal - Portugal
20. português(m), portuguesa(f) - Portuguese
21. sanduíche - sandwich
22. supermercado - supermarket
23. Tu/Você singular-Vós/Vocês plural- you
24. viver - to live

B

Eles vivem em Porto

1.Porto é uma cidade grande. 2.Porto é em Portugal.

3.Este é o Mike. 4.Mike é um estudante. 5.Ele agora está no Porto. 6.Mike é dos Estados Unidos. 7.Ele é americano. 8.Mike tem mãe, pai, um irmão e uma irmã. 9.Eles vivem nos Estados Unidos.

10.Este é o Kazuki. 11.Kazuki é um estudante também. 12.Ele é do Japão. 13.Ele é Japonês. 14.Kazuki tem mãe, pai e duas irmãs. 15.Eles vivem no Japão.

16.Mike e Kazuki estão num supermercado agora. 17.Eles têm fome. 18.Eles compram sanduiches.

19.Esta é a Linda. 20.A Linda é portuguesa. 21.A Linda vive no Porto também. 22.Ela não é estudante.

23.Eu sou um estudante. 24.Eu sou dos Estados Unidos. 25.Eu estou no Porto agora. 26.Eu não tenho fome.

27.Tu és um estudante. 28.Tu és japonês. 29.Tu não estás no Japão agora. 30.Tu estás em Portugal.

31.Nós somos estudantes. 32.Nós estamos em Portugal agora.

33.Esta é uma bicicleta. 34.A bicicleta é azul. 35.A bicicleta não é nova.

36.Este é um cão. 37.O cão é preto. 38.O cão não é grande.

They live in Porto

1.Porto is a big city. 2.Porto is in Portugal.

3.This is Mike. 4.Mike is a student. 5.He is in Porto now. 6.Mike is from USA. 7.He is American. 8.Mike has a mother, a father, a brother and a sister. 9.They live in USA.

10.This is Kazuki. 11.Kazuki is a student too. 12.He is from Japan. 13.He is Japanese. 14.Kazuki has a mother, a father and two sisters. 15.They live in Japan.

16.Mike and Kazuki are in a supermarket now. 17.They are hungry. 18.They buy sandwiches.

19.This is Linda. 20.Linda is Portuguese. 21.Linda lives in Porto too. 22.She is not a student.

23.I am a student. 24.I am from the USA. 25.I am in Porto now. 26.I am not hungry.

27.You are a student. 28.You are Japanese. 29.You are not in Japan now. 30.You are in Portugal.

31.We are students. 32.We are in Portugal now.

33.This is a bike. 34.The bike is blue. 35.The bike is not new.

36.This is a dog. 37.The dog is black. 38.The dog is not big.

39.Estas são lojas. 40.Estas lojas não são grandes. 41.Elas são pequenas. 42.Aquela loja tem muitas janelas. 43.Aquelas lojas não têm muitas janelas.

44.Aquele gato está no quarto. 45.Aqueles gatos não estão no quarto.

39.These are shops. 40.The shops are not big. 41.They are little. 42.That shop has many windows. 43.Those shops do not have many windows.

44.That cat is in the room. 45.Those cats are not in the room.

3

Eles são portugueses?
Are they Portuguese?

A

Palavras
Words

1. animal - animal
2. café- café
3. casa - house
4. como- how
5. em - at
6. homem - man
7. leitor de CD - CD player
8. livro dele/dela - his/ her book
9. mapa - map
10. menino/rapaz - boy
11. mulher - woman

12. não - no
13. nosso - our
14. objecto - it
15. onde - where
16. Portugal - Portugal
17. português(*adj*) - portuguese
18. sim - yes
19. sobre - on
20. todo - all
21. tu/você *(s)* -vós/vocês*(p)*. - you
22. velho - old

 B

Eles são portugueses?
1

– Eu sou um rapaz. Estou na sala.
– És português?
– Não, eu não sou português. Eu sou

Are they Portuguese?
1

– I am a boy. I am in the room.
– Are you Portuguese?
– No, I am not. I am American.

americano.

– És estudante?

– Sim, eu sou estudante.

2

– Esta é uma mulher. A mulher está na sala também.

– Ela é americana?

– Não, ela não é americana. Ela é portuguesa.

– É ela uma estudante?

– Não, ela não é uma estudante.

3

– Este é um homem. Ele está à mesa.

– Ele é português?

– Sim, ele é. Ele é português.

4

– Estes são estudantes. Eles estão no parque.

– São todos português?

– Não, eles não são. Eles são de Portugal, Japão e EUA.

5

– Esta é uma mesa. É grande.

– É nova?

– Sim, é. É nova.

6

– Este é um gato. Está na sala.

– É preto?

– Sim, é. É preto e bonito.

7

– Estas são bicicletas. Elas estão em casa.

– Elas são pretas?

– Sim, são. Elas são pretas.

8

– Você tem um bloco de notas?

– Sim, tenho.

– Quantos bloco de notas você tem?

– Tenho dois blocos de notas.

– Ele tem uma caneta?

– Sim, ele tem.

– Quantas canetas que ele tem?

– Ele tem uma caneta.

– Are you a student?

– Yes, I am. I am a student.

2

– This is a woman. The woman is in the room too.

– Is she American?

– No, she is not. She is Portuguese.

– Is she a student?

– No, she is not. She is not a student.

3

– This is a man. He is at the table.

– Is he Portuguese?

– Yes, he is. He is Portuguese.

4

– These are students. They are in the park.

– Are they all Portuguese?

– No, they are not. They are from Portugal, Japan and USA.

5

– This is a table. It is big.

– Is it new?

– Yes, it is. It is new.

6

– This is a cat. It is in the room.

– Is it black?

– Yes, it is. It is black and nice.

7

– These are bikes. They are at the house.

– Are they black?

– Yes, they are. They are black.

8

– Do you have a notebook?

– Yes, I have.

– How many notebooks do you have?

– I have two notebooks.

– Does he have a pen?

– Yes, he does.

– How many pens does he have?

– He has one pen.

9

– Ela tem uma bicicleta?
– Sim, ela tem.
– A sua bicicleta é azul?
– Não, não é. A sua bicicleta não é azul. É verde.

10

– Você tem um livro de português?
– Não, eu não. Eu não tenho um livro de português. Eu não tenho livros.

11

– Ela tem um gato?
– Não, ela não tem. Ela não tem animais.

12

– Vocês têm um leitor de CD?
– Não, não temos. Nós não temos um leitor de CD. Nós não temos nenhum leitor.

13

– Onde está o nosso mapa?
– O nosso mapa está na sala.
– Està sobre a mesa?
– Sim, està.

14

– Onde estão os rapazes?
– Eles estão no café.
– Onde estão as bicicletas?
– Estão no café.
– Onde está Kazuki?
– Ele está no café também.

9

– *Does she have a bike?*
– *Yes, she does.*
– *Is her bike blue?*
– *No, it is not. Her bike is not blue. It is green.*

10

– *Do you have a portuguese book?*
– *No, I do not. I do not have a Portuguese book. I have no books.*

11

– *Does she have a cat?*
– *No, she does not. She does not have an animal.*

12

– *Do you have a CD player?*
– *No, we do not. We do not have a CD player. We have no player.*

13

– *Where is our map?*
– *Our map is in the room.*
– *Is it on the table?*
– *Yes, it is.*

14

– *Where are the boys?*
– *They are in the café.*
– *Where are the bikes?*
– *They are at the café.*
– *Where is Kazuki?*
– *He is in the café too.*

4

Pode ajudar-me, por favor?
Can you help, please?

A

Palavras
Words

1. agradecer - to thank;
2. obrigado(a) - thank you, thanks
3. ajuda - help;
4. ajudar - to help
5. andar (a pé) - to go (on foot)
6. ir (de transporte) - to go (by a transport)
7. aprender - to learn
8. banco - bank
9. dar - to give
10. endereço/morada - address
11. escrever - to write
12. falar - to speak
13. jogar- to play
14. ler - to read
15. lugar - place
16. colocar - to place

17. mas - but
18. ou - or
19. para - for
20. para mim- to me
21. poder - may
22. Eu posso ir ao banco. - I may go to the bank.
23. por favor - please
24. saber - can
25. Eu sei ler. - I can read.
26. sentar - to sit
27. ter de - must
28. eu tenho de ir. - I must go.
29. tomar - to take
30. trabalho - work
31. trabalhar - to work

B

Pode ajudar-me, por favor?

1

– Você pode ajudar-me, por favor?

– Sim, posso.

– Eu não sei escrever o endereço em português. Você pode escrever por mim?

– Sim, posso.

– Obrigado.

2

– Sabe jogar ténis?

– Não, eu não sei. Mas posso aprender. Você pode ajudar-me a aprender?

– Sim, posso. Eu posso ajudar-te a aprender a jogar ténis.

– Obrigado.

3

– Você sabe falar português?

– Eu sei falar e ler português, mas não sei escrever.

– Você sabe falar inglês?

– Eu sei falar, ler e escrever em inglês.

– A Linda sabe falar inglês também?

– Não, ela não sabe. Ela é portuguesa.

– Eles sabem falar português?

– Sim, eles sabem um pouco. São estudantes e eles aprendem português.

– Este rapaz não sabe falar português.

4

– Onde eles estão?

– Eles jogam o ténis agora.

– Podemos jogar também?

– Sim, podemos.

5

– Onde está Mike?

– Ele pode estar no café.

6

– Sente-se nesta mesa, por favor.

– Obrigado. Posso colocar os meus livros

Can you help, please?

1

– Can you help me, please?

– Yes, I can.

– I cannot write the address in Portuguese. Can you write it for me?

– Yes, I can.

– Thank you.

2

– Can you play tennis?

– No, I cannot. But I can learn. Can you help me to learn?

– Yes, I can. I can help you to learn to play tennis.

– Thank you.

3

– Can you speak Portuguese?

– I can speak and read Portuguese but I cannot write.

– Can you speak English?

– I can speak, read and write English.

– Can Linda speak English too?

– No, she cannot. She is Portuguese.

– Can they speak Portuguese?

– Yes, they can a little. They are students and they learn Portuguese.

– This boy cannot speak Portuguese

4

– Where are they?

– They play tennis now.

– May we play too?

– Yes, we may.

5

– Where is Mike?

– He may be at the café.

6

– Sit at this table, please.

– Thank you. May I place my books on that

na mesa?
– Sim, pode.

7
– O Kazuki pode se sentar na mesa dele?
– Sim, ele pode.

8
– Posso me sentar na cama dela?
– Não, você não deve.

9
– A Linda pode levar seu leitor de CD?
– Não. Ela não deve levar o seu leitor de CD.

10
– Eles podem levar o mapa dela?
– Não, eles não podem.

11
Você não deve se sentar na cama dela.
Ela não deve levar leitor de CD dele.
Eles não devem levar estes bloco de notas.

12
– Tenho de ir ao banco.
– Você tem de ir agora?
– Sim, tenho.

13
– Você tem de aprender inglês?
– Eu não tenho de aprender inglês. Eu devo aprender português.

14
– Ela tem de ir ao banco?
– Não. Ela não tem de ir ao banco.

15
– Posso levar essa bicicleta?
– Não, você não deve levar essa bicicleta.

16
– Podemos colocar estes bloco de notas na cama dela?
–Não. Vocês não podem colocar o bloco de notas na cama dela.

table?
– Yes, you may.

7
– May Kazuki sit at his table?
– Yes, he may.

8
– May I sit on her bed?
– No, you must not.

9
– May Linda take his CD player?
– No. She must not take his CD player.

10
– May they take her map?
– No, they may not.

11
You must not sit on her bed.
She must not take his CD player.
They must not take these notebooks.

12
– I must go to the bank.
– Must you go now?
– Yes, I must.

13
– Must you learn English?
– I need not learn English. I must learn Portuguese.

14
– Must she go to the bank?
– No. She need not go to the bank.

15
– May I take this bike?
– No, you must not take this bike.

16
– May we place these notebooks on her bed?
–No. You must not place the notebooks on her bed.

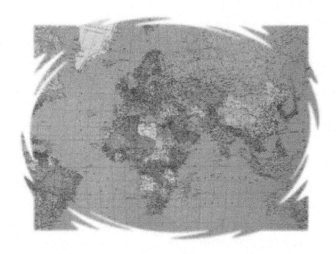

Mike vive em Portugal agora
Mike lives in Portugal now

 A

Palavras
Words

1. algum/alguma - any, some
2. ali (lugar) - there (place)
3. lá(direcção) - there (direction)
4. beber - to drink
5. bem - well
6. bom/boa - good
7. cadeira - chair
8. chá - tea
9. cinco - five
10. comer - to eat
11. gostar, amar- to like, to love
12. jornal - newspaper
13. mobilia - furniture
14. música - music
15. necesitar/precisar - need
16. oito - eight
17. ouvir - to listen; Eu ouço música. - I listen to music.
18. pequeno-almoço - breakfast;
19. tomar pequeno-almoço - have breakfast
20. pessoas - people
21. praça - square
22. querer - to want
23. quinta- farm
24. rapariga/menina - girl
25. seis - six
26. sete- seven
27. três - three

Mike vive em Portugal agora

1
Linda lê bem o português. Eu também leio em português. Os estudantes vão ao parque. Ela também vai ao parque.

2
Nos vivemos no Porto. Kazuki agora vive no Porto também. Seu pai e sua mãe vivem no Japão. Mike vive no Porto agora também. Seu pai e sua mãe vivem nos EUA.

3
Os estudantes jogam ténis. Kazuki joga bem. Mike não joga bem.

4
Nós bebemos chá. Linda bebe chá verde. José bebe chá preto. Eu bebo chá preto também.

5
Eu ouço música. Sarah ouve música também. Ela gosta de ouvir boa música.

6
Eu preciso de seis blocos de notas. José precisa de sete blocos de notas. Linda precisa de oito blocos de notas.

7
Sarah quer beber. Eu também quero beber. Kazuki quer comer.

8
Há um jornal sobre a mesa. Kazuki toma e lê. Ele gosta de ler os jornais.

9
Há alguma mobilia na sala. Há seis mesas e seis cadeiras lá.

10
Há três raparigas na sala. Elas tomam o pequeno almoço. Sarah come pão e bebe chá. Ela gosta de chá verde.

11
Há alguns livros sobre a mesa. Eles não são novos. Eles são velhos.

Mike lives in Portugal now

1
Linda reads Portuguese well. I read Portuguese too. The students go to the park. She goes to the park too.

2
We live in Porto. Kazuki lives in Porto now too. His father and mother live in the Japan. Mike lives in Porto now. His father and mother live in USA.

3
The students play tennis. Kazuki plays well. Mike does not play well.

4
We drink tea. Linda drinks green tea. José drinks black tea. I drink black tea too.

5
I listen to music. Sarah listens to music too. She likes to listen to good music.

6
I need six notebooks. José needs seven notebooks. Linda needs eight notebooks.

7
Sarah wants to drink. I want to drink too. Kazuki wants to eat.

8
There is a newspaper on the table. Kazuki takes it and reads. He likes to read the newspapers.

9
There is some furniture in the room. There are six tables and six chairs there.

10
There are three girls in the room. They eat breakfast. Sarah eats bread and drinks tea. She likes green tea.

11
There are some books on the table. They are not new. They are old.

12
- Is there a bank in this street?

12

- Haverá um banco nesta rua?
- Sim, há. Há cinco bancos nesta rua. Os bancos não são grandes.

13

- Há pessoas na praça?
- Sim, há. Há algumas pessoas na praça.

14

- Há bicicletas no café?
- Sim, há. Há quatro bicicletas no café. Elas não são novas.

15

- Haverá um hotel nesta rua?
- Não, não há. Não há hotéis nesta rua.

16

- Há alguma loja grande naquela rua?
- Não, não há. Não há lojas grandes naquela rua.

17

- Há algumas quintas em Portugal?
- Sim, há. Há muitas quintas em Portugal.

18

- Haverá alguns moveis nesse quarto?
- Sim, há. Há quatro mesas e algumas cadeiras lá.

- Yes, there is. There are five banks in this street. The banks are not big.

13

- Are there people in the square?
- Yes, there are. There are some people in the square.

14

- Are there bikes at the café?
- Yes, there are. There are four bikes at the café. They are not new.

15

- Is there a hotel in this street?
- No, there is not. There are no hotels in this street.

16

- Are there any big shops in that street?
- No, there are not. There are no big shops in that street.

17

- Are there any farms in Portugal?
- Yes, there are. There are many farms in Portugal.

18

- Is there any furniture in that room?
- Yes, there is. There are four tables and some chairs there.

Mike tem muitos amigos
Mike has many friends

 A

Palavras
Words

1. adentro - into
2. agência - agency
3. amigo - friend
4. café - coffee
5. carro/automóvel - car
6. CD - CD
7. computador - computer
8. conhecer - to know
9. cozinheiro/cozinheira - cooker
10. da mãe - mother's
11. da mulher - woman's
12. debaixo - under
13. do Kazuki - Kazuki's
14. do Mike - Mike's

15. Jorge - George
16. limpo - clean
17. limpar - to clean
18. livre - free
19. Maria - Mary
20. muito - much, many
21. livro do José - Jose's book
22. mapa do homem - man's map
23. pai - dad
24. porta - door
25. também - as well
26. trabalho - job; agência de emprego - job agency
27. vem, vai - come, go

B

O Mike tem muitos amigos

1

O Mike tem muitos amigos. Os amigos do Mike vêm ao café. Eles gostam de beber café. Os amigos do Mike bebem muito café.

2

O pai do Kazuki tem um carro. O carro do pai está limpo mas é velho. O pai do Kazuki conduz muito. Ele tem um bom emprego e agora tem muito trabalho.

3

José tem muitos CDs. Os CDs do José estão em cima da cama. O leitor de CDs está em cima da cama também.

4

O Mike lê os jornais portugueses. Há muitos jornais em cima da mesa no quarto do Mike.

5

A Maria tem um gato e um cão. O gato da Maria está no quarto debaixo da cama. O cão da Maria está no quarto também.

6

Há um homem neste carro. Este homem tem um mapa. O mapa do homem é grande. Este homem conduz muito.

7

Eu sou um estudante. Eu tenho muito tempo livre. Eu vou a uma agência de emprego. Eu preciso de um bom emprego.

8

O Kazuki e o Mike têm pouco tempo livre. Eles vão a uma agência de emprego também. Kazuki tem um computador. A agencia de emprego pode dar-lhe um bom emprego.

9

Linda tem uma nova cozinheira. A cozinheira da Linda é muito boa e limpa. Ela faz o pequeno-almoço para os seus filhos. A Maria e o José são os filhos de Linda. Os filhos de Linda bebem muito chá. A mãe bebe um pouco de café. A mãe de Maria

Mike has many friends

1

Mike has many friends. Mike's friends come to the café. They like to drink coffee. Mike's friends drink a lot of coffee.

2

Kazuki's dad has a car. The dad's car is clean but old. Kazuki's dad drives a lot. He has a good job and he has a lot of work now.

3

José has a lot of CDs. José's CDs are on his bed. The CD player is on his bed as well.

4

Mike reads Portuguese newspapers. There are many newspapers on the table in Mike's room.

5

Mary has a cat and a dog. Mary's cat is in the room under the bed. Mary's dog is in the room as well.

6

There is a man in this car. This man has a map. The man's map is big. This man drives a lot.

7

I am a student. I have a lot of free time. I go to a job agency. I need a good job.

8

Kazuki and Mike have a little free time. They go to the job agency as well. Kazuki has a computer. The agency may give Kazuki a good job.

9

Linda has a new cooker. Linda's cooker is good and clean. She cooks breakfast for her children. Mary and José are Linda's children. Linda's children drink a lot of tea. The mother drinks a little

sabe falar poucas palavras em inglês. Ela fala muito pouco inglês. Linda tem um emprego. Ela tem pouco tempo livre.

10

Mike fala pouco português. Mike sabe muito poucas palavras em português. Eu conheço muitas palavras em português. Eu falo pouco português. Esta mulher sabe muitas palavras em português. Ela fala bem o português.

11

Jorge trabalha numa agência de empregos. Esta agência de empregos fica no Porto. Jorge tem um carro. O carro do Jorge está na rua. O Jorge tem muito trabalho. Ele tem de ir à agência. Ele conduz até lá. O Jorge entra na agência. Há muitos estudantes lá. Eles precisam de empregos. O trabalho do Jorge é ajudar os estudantes.

12

Há um carro no hotel. As portas deste carro não estão limpas. Muitos estudantes vivem neste hotel. Os quartos do hotel são pequenos, mas limpos. Este é o quarto do Mike. A janela da sala é grande e limpa

coffee. Mary's mother can speak very few English words. She speaks English very little. Linda has a job. She has little free time.

10

Mike can speak little Portuguese. Mike knows very few Portuguese words. I know a lot of Portuguese words. I can speak Portuguese a little. This woman knows many Portuguese words. She can speak Portuguese well.

11

George works at a job agency. This job agency is in Porto. George has a car. George's car is in the street. George has a lot of work. He must go to the agency. He drives there. George comes into the agency. There are a lot of students there. They need jobs. George's job is to help the students.

12

There is a car at the hotel. The doors of this car are not clean. Many students live in this hotel. The rooms of the hotel are little but clean. This is Mike's room. The window of the room is big and clean.

7

José compra uma bicicleta
José buys a bike

A

Palavras
Words

1. a seguir, depois - then, after
2. depois de - after that
3. assim - so
4. autocarro - bus
5. cara - face
6. casa de banho - bathroom;
   banheira - bath
7. casa, casa - home, house
8. centro - centre
9. centro da cidade - city centre
10. com - with
11. cozinha - kitchen
12. de manha - morning
13. desporto - sport;
14. loja de desporto - sport shop,
    bicicleta de desporto- sport bike
15. domingo - Sunday;
16. pequeno alomoço de domingo -
    Sunday breakfast

17. empresa - firm
18. escritorio - office
19. fazer - to make
20. máquina de café - coffee-maker
21. fila - queue
22. hoje - today
23. ir de autocarro - to go by bus
24. ir de bicicleta - to go by, to ride
25. lanche - snack
26. lavar - to wash
27. lavatório - washer
28. mesa de casa de banho - bathroom
    table
29. tempo - time;
30. tempo passa - time goes
31. duas vezes - two times
32. trabalhador - worker
33. um a um/uma a uma - one by one

B

José compra uma bicicleta

José buys a bike

É manhã de domingo. José vai à casa de banho. A casa de banho não é grande. Existe uma banheira, um lavatório e uma mesa de casa de banho. José lava a cara. A seguir ele vai para a cozinha. Há uma máquina de café na mesa de cozinha. José toma o seu pequeno almoço. O pequeno almoço de domingo do José não é grande. A seguir ele faz um café com a máquina de café e bebe-o. Ele quer ir hoje a uma loja de desporto hoje. José vai para a rua. Ele apanha o autocarro sete. Leva pouco tempo para ir de autocarro até a loja.

José entra na loja de desporto. Ele quer comprar uma nova bicicleta desportiva. Há muitas bicicletas desportivas lá. Elas são pretas, azuis e verdes. José gosta de bicicletas azuis. Ele quer comprar uma azul. Há uma fila na loja. Leva muito tempo para o José comprar a bicicleta. A seguir ele vai para a rua andar de bicicleta. Ele vai para o centro da cidade. A seguir, ele monta do centro da cidade até ao parque da cidade. É tão bom andar na nova bicicleta desportiva!

É manhã de domingo, mas Jorge está no seu escritório. Ele tem muito trabalho hoje. Há uma fila para o escritório de Jorge. Há muitos estudantes e trabalhadores na fila. Eles precisam de emprego. Eles vão, um a um à sala de Jorge. Eles falam com o Jorge. A seguir ele dá os endereços das empresas.

Agora é a hora do lanche. Jorge faz um café com a máquina de café. Ele come o seu lanche e bebe o café. Agora não há fila para o seu escritório. Jorge pode ir para casa. Ele vai para a rua. Está tão bom hoje! Jorge vai para casa. Ele pega nos seus filhos e vai para o parque da cidade. Eles passam um bom tempo lá.

It is Sunday morning. José goes to the bathroom. The bathroom is not big. There is a bath, a washer and a bathroom table there. José washes his face. Then he goes to the kitchen. There is a coffe-maker on the kitchen table. José eats his breakfast. José's Sunday breakfast is not big. Then he makes some coffee with the coffee-maker and drinks it. He wants to go to a sport shop today. José goes into the street. He takes bus seven. It takes José a little time to go to the shop by bus.

José comes into the sport shop. He wants to buy a new sport bike. There are a lot of sport bikes there. They are black, blue and green. José likes blue bikes. He wants to buy a blue one. There is a queue in the shop. It takes José a lot of time to buy the bike. Then he goes to the street and rides the bike. He rides to the city centre. Then he rides from the city centre to the city park. It is so nice to ride a new sport bike!

It is Sunday morning but George is in his office. He has a lot of work today. There is a queue to George's office. There are many students and workers in the queue. They need a job. They go one by one into George's room. They speak with George. Then he gives addresses of firms.

It is snack time now. George makes some coffee with the coffee maker. He eats his snack and drinks some coffee. There is no queue to his office now. George can go home. He goes into the street. It is so nice today! George goes home. He takes his children and goes to the city park. They have a nice time there.

8

Linda quer comprar um filme novo
Linda wants to buy a newer film

 A

Palavras
Words

1. acerca de - about;
2. aproximadamente - about, approximately
3. amigável - friendly
4. assistente de loja - shop assistant
5. aventura- adventure
6. caixa - box
7. cassete de video - videocassette
8. comprido/longo- long
9. copo - cup
10. dizer - to say
11. DVD - DVD
12. favorito - favorite
13. filme - film
14. hora - hour
15. interessante - interesting
16. ir embora - to go away

17. jovem - young
18. loja de videos - video-shop
19. mais - more
20. mão - hand
21. mostrar - to show
22. mais - most
23. pedir - to ask
24. que - than,
25. Jorge é mais velho que a Linda. - George is older than Linda.
26. que - that,
27. Eu sei que este livro é interessante. - I know that this book is interesting.
28. quinze - fifteen
29. vinte - twenty

B

Linda quer comprar um filme novo

Linda wants to buy a new DVD

José e Maria são filhos de Linda. Maria é a mais nova. Ela tem cinco anos. José é quinze anos mais velho do que Maria. Ele tem vinte anos. Maria é muito mais nova que José.
Maria, Linda e José estão na cozinha.
Eles bebem chá. A chávena da Maria é grande. A chávena da Linda é maior. A chávena do José é a maior de todas.
Linda tem muitas cassetes de vídeo e DVDs com filmes interessantes. Ela quer comprar um novo filme. Ela vai para uma loja de vídeos. Há muitas caixas com cassetes de vídeo e DVDs lá. Ela pede uma assistente de loja para ajudá-la. A assistente de loja dá algumas cassetes a Linda. Linda quer saber mais sobre esses filmes, mas a assistente de loja vai embora.
Há mais uma assistente de loja na loja e ela é mais amigável. Ela pergunta a Linda sobre os seus filmes favoritos. Linda gosta de filmes românticos e filmes de aventura. O filme "Titanic" é seu filme mais favorito. O assistente de loja mostra a Linda uma cassete com o filme mais recente de Hollywood "O Amigo Português". É acerca de aventuras amorosas de um homem e uma jovem mulher, em Portugal.
Ela mostra Linda um DVD com o filme "A Firma," também. A assistente de loja diz que o filme "A Firma" é um dos filmes mais interessantes. E é um dos filmes mais longos também. É mais do que três horas de duração. Linda gosta de filmes mais longos. Ela diz que "Titanic" é o mais interessante e o mais longo filme que ela tem. Linda compra um DVD com o filme "A Firma". Ela agradece a assistente de loja e vai embora.

José and Mary are Linda's children. Mary is the youngest child. She is five years old. José is fifteen years older than Mary. He is twenty. Mary is much younger than José.
Mary, Linda and José are in the kitchen. They drink tea. Mary's cup is big. Linda's cup is bigger. José's cup is the biggest.
Linda has a lot of videocassettes and DVDs with interesting films. She wants to buy a newer film. She goes to a video-shop. There are many boxes with videocassettes and DVDs there. She asks a shop assistant to help her. The shop assistant hands Linda some cassettes. Linda wants to know more about these films but the shop assistant goes away. There is one more shop assistant in the shop and she is friendlier. She asks Linda about her favorite films. Linda likes romantic films and adventure films. The film "Titanic" is her most favorite film. The shop assistant shows Linda a cassette with the newest Hollywood film "The Portuguese Friend". It is about romantic adventures of a man and a young woman in Portugal.
She shows Linda a DVD with the film "The Firm" as well. The shop assistant says that the film "The Firm" is one of the most interesting films. And it is one of the longest films as well. It is more than three hours long. Linda likes longer films. She says that "Titanic" is the most interesting and the longest film that she has. Linda buys a DVD with the film "The Firm". She thanks the shop assistant and goes.

9

Kazuki ouve canções americanas
Kazuki listens to American songs

A

Palavras
Words

1. Ângela - Angela
2. antes/ à frente de - before
3. cabeça - head;
4. chefe/patrão - head, chief;
5. dirigir-se a, ir - to head, to go
6. cantar - sing
7. cantor - singer
8. Carol - Carol
9. chapéu - hat
10. começar - to begin
11. correr - to run
12. dia - day
13. dormitórios - dorms
14. envergonhar-se - to be ashamed;
15. ele está envergonhado - he is ashamed
16. familia - family
17. fora de serviço - out of order
18. frase - phrase

19. manteiga - butter
20. minuto - minute
21. mochila - bag
22. muito - very
23. nome - name; citar - to name
24. pão - bread
25. perto - near
26. porque - because
27. Portugal - Portugal
28. saltar - to jump;
29. salto - jump
30. simples - simple
31. telefonar - to call on the phone; chamar - call;
32. centro de chamadas - call centre
33. telefone - telephone;
34. telefonar - to telephone
35. todos/cada - every

B

Kazuki ouve cancões americanas

Kazuki listens to American songs

A Carol é estudante. Ela tem 20 anos de idade. Carol é dos EUA. Ela mora no dormitório estudantil. Ela é uma rapariga muito bonita. Carol tem um vestido azul. Tem um chapéu na cabeça.
Carol quer telefonar a sua família hoje. Ela vai para o centro de chamadas porque seu telefone está fora de serviço. O centro de chamadas é em frente ao café. Carol telefona a sua família. Ela fala com a sua mae e seu pai. A chamada leva aproximadamente cinco minutos. Em seguida, ela telefona sua amiga Angela. Esta chamada leva cerca de três minutos.

Mike gosta de desporto. Ele corre todas as manhãs no parque perto dos dormitórios. Ele corre hoje também. Ele salta também. Os seus saltos são muito longos. Kazuki e José correm e saltam com Mike. Os saltos do José são mais longos. Os saltos do Kazuki são os mais longos de todos. Ele salta melhor que todos. A seguir, Mike e Kazuki correm para os dormitórios e José corre para casa.

Mike toma o seu pequeno-almoço no seu quarto. Ele pega no pão e na manteiga. Ele faz um café com a máquina de café. A seguir ele põe a manteiga no pão e come.
 Mike vive nos dormitórios no Porto. O seu quarto é perto do quarto de Kazuki. O quarto de Mike não é grande. É limpo, porque Mike limpa-o todos os dias. Há uma mesa, uma cama, algumas cadeiras e mais alguma mobilia no seu quarto. Os livros e bloco de notas do Mike estão sobre a mesa. A sua mochila está debaixo da mesa. As cadeiras estão na mesa. Mike leva alguns CDs na mão e vai para Kazuki porque Kazuki quer ouvir a música americana.

Carol is a student. She is twenty years old. Carol is from the USA. She lives in the student dorms. She is a very nice girl. Carol has a blue dress on. There is a hat on her head.
Carol wants to telephone her family today. She heads to the call centre because her telephone is out of order. The call centre is in front of the café. Carol calls her family. She speaks with her mother and father. The call takes her about five minutes. Then she calls her friend Angela. This call takes her about three minutes.

Mike likes sport. He runs every morning in the park near the dorms. He runs today too. He jumps as well. His jumps are very long. Kazuki and José run and jump with Mike. José's jumps are longer. Kazuki's jumps are the longest. He jumps best of all. Then Mike and Kazuki run to the dorms and José runs home.

 Mike has his breakfast in his room. He takes bread and butter. He makes some coffee with the coffee-maker. Then he butters the bread and eats.
 Mike lives in the dorms in Porto. His room is near Kazuki's room. Mike's room is not big. It is clean because Mike cleans it every day. There is a table, a bed, some chairs and some more furniture in his room. Mike's books and notebooks are on the table. His bag is under the table. The chairs are at the table. Mike takes some CDs in his hand and heads to Kazuki's because Kazuki wants to listen to American music.

Kazuki está á mesa no seu quarto. O seu gato está debaixo da mesa. Há um pouco de pão à frente do gato. O gato come o pão. Mike dá os CDs a Kazuki. Há da melhor música americana nos CDs. Kazuki quer saber os nomes dos cantores americanos também. Mike cita os nomes dos seus cantores favoritos. Ele cita Avril Lavigne, Madonna, Marc Anthony e Jennifer López. Estes nomes são novos para Kazuki.

Ele ouve os CDs e em seguida, começa a cantar as canções americanas! Ele gosta muito destas músicas. Kazuki pede a Mike para escrever as letras das canções. Mike escreve as letras das melhores canções americanas para Kazuki. Kazuki diz que quer aprender as letras de algumas canções e pede Mike para ajudar. Mike ajuda Kazuki a aprender as palavras americanas. Demora muito tempo porque Mike não sabe falar bem o português. Mike está envergonhado. Ele não sabe dizer algumas frases simples! Então, Mike vai para o quarto e aprende português.

Kazuki is in his room at the table. His cat is under the table. There is some bread before the cat. The cat eats the bread. Mike hands the CDs to Kazuki. There is the best American music on the CDs. Kazuki wants to know the names of the American singers as well. Mike names his favorite singers. He names Avril Lavigne, Madonna, Marc Anthony, and Jennifer López. These names are new to Kazuki. He listens to the CDs and then begins to sing the American songs! He likes these songs very much. Kazuki asks Mike to write the words of the songs. Mike writes the words of the best American songs for Kazuki. Kazuki says that he wants to learn the words of some songs and asks Mike to help. Mike helps Kazuki to learn the American words. It takes a lot of time because Mike cannot speak Portuguese well. Mike is ashamed. He cannot say some simple phrases! Then Mike goes to his room and learns Portuguese.

Kazuki compra livros de texto sobre design
Kazuki buys textbooks on design

A

Palavras
Words

1. adeus - bye
2. algum/alguma - any;
3. algum de/alguma de - any of
4. bom - fine
5. custar - to cost
6. design - design
7. euro - euro
8. ele - him
9. eles - them
10. escolher - to choose
11. estudar - to study
12. explicar - to explain
13. fotografia - picture
14. género, tipo - kind, type
15. lição - lesson
16. lingua/idioma - language
17. livro (de texto) - textbook
18. nativo - native
19. olá - hello
20. olhar - to look
21. pagar - to pay
22. perto de, próximo - nearby, next
23. programa- program
24. realmente, muito - really
25. sábado - Saturday
26. Somente, só - only
27. universidade- college
28. ver - to see

B

Kazuki compra livros de texto sobre design

Kazuki é japonês e japonês é sua língua nativa. Ele estuda na Universidade de Design, no Porto.

Hoje é sábado e Kazuki tem muito tempo livre. Ele quer comprar alguns livros sobre design. Ele vai até a livraria mais próxima. Eles podem ter alguns livros sobre design. Ele entra na loja e olha para as mesas com livros. Uma mulher vem ter com o Kazuki. Ela é a assistente de loja.

"Olá. Posso ajudá-lo?" A assistente de loja pergunta.

"Olá," diz Kazuki, "Eu estudo design na universidade. Preciso de alguns livros. Você tem algum livros sobre design?" Kazuki pergunta-lhe.

"Que tipo de design? Temos alguns livros sobre design de mobiliário, design de carros, design de desporto, design de internet," ela explica-lhe.

"Você pode mostrar-me alguns livros sobre design de mobiliário e design de internet?" Kazuki diz a ela.

"Você pode escolher os livros nas próximas mesas. Olhe para eles. Este é um livro de mobiliário de design italiano Palatino. Este designer explica o design do mobiliario italiano. Ele explica o design de mobiliario da Europa e os EUA também. Tem umas boas fotografias lá," explica o assistente de loja.

"Vejo que existem algumas lições no livro também. Este livro é muito bom. Quanto custa?" Kazuki pergunta.

"Custa 52 euros. E com o livro você tem um CD. Existe um programa de computador para design de mobiliario no CD," disse a assistente de loja disse-lhe.

Kazuki buys textbooks on design

Kazuki is Japanese and Japanese is his native language. He studies design at college in Porto.

It is Saturday today and Kazuki has a lot of free time. He wants to buy some books on design. He goes to the nearby book shop. They may have some textbooks on design. He comes into the shop and looks at the tables with books. A woman comes to Kazuki. She is a shop assistant.

"Hello. Can I help you?" the shop assistant asks him.

"Hello," Kazuki says, "I study design at college. I need some textbooks. Do you have any textbooks on design?" Kazuki asks her.

"What kind of design? We have some textbooks on furniture design, car design, sport design, internet design," she explains to him.

"Can you show me some textbooks on furniture design and internet design?" Kazuki says to her.

"You can choose the books from the next tables. Look at them. This is a book by Italian furniture designer Palatino. This designer explains the design of Italian furniture. He explains the furniture design of Europe and the USA as well. There are some fine pictures there," the shop assistant explains.

"I see there are some lessons in the book too. This book is really good. How much is it?" Kazuki asks her.

"It costs 52 euro. And with the book you have a CD. There is a computer program for furniture design on the CD," the shop assistant says to him.

"I really like it," Kazuki says.

37

"Eu gosto realmente dele," diz Kazuki. "Você pode ver alguns livros sobre design de internet ali," a mulher explica-lhe, "Este livro é sobre o programa de computador Microsoft Office. E estes livros são sobre o programa de computador Flash. Olhe para este livro vermelho. É sobre o Flash e tem algumas lições interessantes. Escolha, por favor."
"Quanto custa este livro vermelho?" Kazuki pergunta-lhe.
"Este livro, com dois CDs, custa apenas 43 euros," diz-lhe a assistente de loja.
"Eu quero comprar este livro de Palatino sobre design de mobiliário e este livro vermelho sobre o Flash. Quanto devo pagar por eles?" Kazuki pergunta.
"Você tem de pagar 95 euros por estes dois livros," a assistente de loja, diz-lhe.
Kazuki paga. A seguir ele leva os livros e os CDs.
"Adeus," diz-lhe a assistente de loja.
"Adeus," diz Kazuki e sai para a rua.

"You can see some textbooks on internet design there," the woman explains to him, "This book is about the computer program Microsoft Office. And these books are about the computer program Flash. Look at this red book. It is about Flash and it has some interesting lessons. Choose, please."
"How much is this red book?" Kazuki asks her.
"This book, with two CDs, costs only 43 euro," the shop assistant says to him.
"I want to buy this book by Palatino about furniture design and this red book about Flash. How much must I pay for them?" Kazuki asks.
"You need to pay 95 euro for these two books," the shop assistant says to him.
Kazuki pays. Then he takes the books and the CDs.
"Bye," the shop assistant says to him.
"Bye," Kazuki says to her and goes into the street.

11

Mike quer ganhar algum dinheiro
Mike wants to earn some money

A

Palavras
Words

1. a continuar - to be continued
2. acabar - finish
3. finalizar - to finish
4. caixa - box
5. camião - truck
6. carregar - to load,
7. carregador - loader
8. como, desde - as, since
9. departamento de pessoal - personnel department
10. depois - after
11. dia - day ; diaramente - daily
12. duro - hard
13. é por isso - that is why
14. energia - energy
15. entender/compreender - to understand
16. eu ganho 10 euro por hora - I earn 10 euro per hour.
17. ganhar/receber - to earn

18. habitual - usual
19. habitualmente- usually
20. hora - hour
21. por hora - hourly
22. horas - o'clock
23. São duas horas. - It is two o'clock.
24. lista - list
25. mais um - one more
26. melhor - better
27. nota - note
28. número - number
29. ok, bem - OK, well
30. parte - part
31. porquê? - why?
32. rápidamente - quickly
33. rápido - quick
34. resposta - answer,
35. responder - to answer
36. transporte - transport

B

Mike quer ganhar algum dinheiro (parte 1)

Mike tem tempo livre diariamente após a universidade. Ele quer ganhar algum dinheiro. Ele dirige-se a uma agência de emprego. Eles dão-lhe o endereço de uma empresa de transportes. A empresa de transportes *Rápido* precisa de um carregador. Este trabalho é realmente difícil. Mas eles pagam 11 euros por hora. Mike quer fazer este trabalho. A seguir ele vai para o escritório da empresa de transportes. "Olá. Eu tenho uma nota para você de uma agência de emprego," Mike diz a uma mulher no departamento pessoal da empresa. Ele dá-lhe a nota.

"Olá," a mulher diz, "Meu nome é Virgínia Lopes. Eu sou o chefe do departamento de pessoal. Qual é seu nome? "

"Meu nome é Mike Smith," diz Mike.

"E você é português?" pergunta Virginia.

"Não. Eu sou americano," responde Mike.

"Sabes falar e ler bem o português?" Ela pergunta.

" Sim, sei," ele diz.

"Quantos anos tens?" pergunta ela.

"Eu tenho 20 anos," responde Mike.

"Você quer trabalhar na empresa de transportes como um carregador?" a chefe do departamento de pessoal pergunta.

Mike tem vergonha de dizer que ele não pode ter um trabalho melhor, porque ele não sabe falar bem o português. Então ele diz: "Eu quero ganhar 11 euros por hora."

"Bem-bem," diz Virginia, "A nossa empresa de transporte geralmente não tem muito trabalho de carga. Mas agora nós realmente precisamos de mais um carregador. Você pode carregar rápidamente caixas com 20 kg de carga? "

"Sim, eu posso. Eu tenho muita energia,"

Mike wants to earn some money (part 1)

Mike has free time daily after college. He wants to earn some money. He heads to a job agency. They give him the address of a transport firm. The transport firm Rapid needs a loader. This work is really hard. But they pay 11 euro per hour. Mike wants to take this job. So he goes to the office of the transport firm.

"Hello. I have a note for you from a job agency," Mike says to a woman in the personnel department of the firm. He gives her the note.

"Hello," the woman says, "My name is Virginia Lopez. I am the head of the personnel department. What is your name?"

"My name is Mike Smith" Mike says.

"Are you Portuguese?" Virginia asks.

"No. I am American," Mike answers.

"Can you speak and read Portuguese well?" she asks.

"Yes, I can," he says.

"How old are you, Mike?" she asks.

"I am twenty years old," Mike answers.

"Do you want to work at the transport firm as a loader?" the head of the personnel department asks him.

Mike is ashamed to say that he cannot have a better job because he cannot speak Portuguese well. So he says: "I want to earn 11 euro per hour."

"Well-well," Virginia says, "Our transport firm usually does not have much loading work. But now we really need one more loader. Can you load quickly boxes with 20 kilograms of load?"

responde Mike.

"Precisamos de um carregador diariamente por três horas. Você pode trabalhar das quatro às sete horas?" Pergunta ela.

"Sim, as minhas aulas terminam à uma da tarde," o aluno responde a ela.

"Quando é que você pode começar o trabalho?" A chefe do departamento de pessoal pergunta.

"Posso começar agora," responde Mike.

"Pois bem. Olhe para essa lista de carregamento. Existem alguns nomes de empresas e lojas na lista," explica Virginia, "Cada empresa e loja têm alguns números. São os números das caixas. E estes são os números dos camiões, onde você deve carregar as caixas. Os camiões entram e saem de hora em hora. Então você precisa de trabalhar rapidamente. OK? "

"OK," responde Mike, não compreendendo bem a Virginia.

"Agora, pegue nesta lista de carga e vá para a porta de carga numero três," a chefe do departamento de pessoal, diz a Mike. Mike leva a lista de carga e vai para o trabalho.

(a continuar)

"Yes, I can. I have a lot of energy," *Mike answers.*

"We need a loader daily for three hours. Can you work from four to seven o'clock?" she asks.

"Yes, my lessons finish at one o'clock," the student answers to her.

"When can you begin the work?" the head of the personnel department asks him.

"I can begin now," Mike answers.

"Well. Look at this loading list. There are some names of firms and shops in the list," Virginia explains, "Every firm and shop has some numbers. They are numbers of the boxes. And these are numbers of the trucks where you must load these boxes. The trucks come and go hourly. So you need to work quickly. OK?"

"OK," Mike answers, not understanding Virginia well.

"Now take this loading list and go to the loading door number three," the head of the personnel department says to Mike. Mike takes the loading list and goes to work.

(to be continued)

Mike quer ganhar algum dinheiro (parte 2)
Mike wants to earn some money (part 2)

A

Palavras
Words

1. andar - to walk
2. aqui (um lugar) - here (a place),
3. aqui (uma direcção) - here (a direction),
4. aqui está/aqui é - here is
5. arrepender-se - to be sorry
6. desculpa, sinto muito. - I am sorry.
7. atrás - back
8. conduzir - to drive
9. condutor - driver
10. conhecer - to meet
11. correcto - correct
12. correctamente - correctly
13. incorrectamente - incorrectly
14. corrigir - to correct
15. deles - their

16. em vez de - instead of
17. em vez de ti - instead of you
18. feliz, contente - glad
19. filho - son
20. levantar- se - to get up
21. levanta-te! - Get up!
22. mãe - mom, mother
23. mau/mal - bad
24. odiar - to hate
25. professor/professora - teacher
26. razão - reason
27. Segunda-feira - Monday
28. senhor, Sr. - mister, Mr.
29. teu/seu - your
30. trazer - to bring
31. trazendo - bringing

B

Mike quer ganhar algum dinheiro (parte 2)

Existem muitos camiões à porta de carga número três. Eles voltam trazendo as suas cargas. A chefe do departamento de pessoal e o chefe da empresa vêm lá. Eles vêm ter com o Mike. Mike carrega as caixas num camião. Ele trabalha rápidamente.
 "Ei, Mike! Por favor, venha cá," Virgínia chama, "Este é o chefe da empresa, o Sr. Peres."
"Fico feliz em conhecê-lo," diz Mike aproximando-se deles.
"Eu também," o Sr. Peres responde, "Onde está a sua lista de carga?"
"Aqui está," Mike da-lhe a lista de carga.
"Bem-bem," diz Sr. Peres procurando na lista, "Veja estes camiões. Eles vêm, trazendo de volta as suas cargas, porque você carregou as caixas incorrectamente. As caixas com os livros foram para a loja de móveis, em vez da loja de livros, as caixas com cassetes de vídeo e DVDs foram para o café em vez da loja de vídeos, e as caixas com sanduíches foram para a loja de vídeo em vez do café! É um mau trabalho! Desculpe, mas você não pode trabalhar na nossa empresa," diz Peres e caminha de volta para o escritório.
Mike não pode carregar caixas correctamente porque ele sabe ler e compreender pouquíssimas palavras em português. Virginia olha para ele. Mike está envergonhado.
"Mike, você pode aprender português melhor e depois voltar. OK?" diz Virginia.
" OK," responde Mike, "Adeus Virginia."
"Adeus Mike," responde Virginia.
Mike caminha para casa. Ele agora quer aprender português melhor e depois arranjar

Mike wants to earn some money (part 2)

There are many trucks at the loading door number three. They come back bringing back their loads. The head of the personnel department and the head of the firm come there. They come to Mike. Mike loads boxes in a truck. He works quickly.
 "Hey, Mike! Please, come here," Virginia calls him, "This is the head of the firm, Mr. Peres."
"I am glad to meet you," Mike says coming to them.
"I too," Mr. Peres answers, "Where is your loading list?"
"It is here," Mike gives him the loading list.
"Well-well," Mr. Peres says looking in the list, "Look at these trucks. They come back bringing back their loads because you load the boxes incorrectly. The boxes with books go to a furniture shop instead of the book shop, the boxes with videocassettes and DVDs go to a café instead of the video shop, and the boxes with sandwiches go to a video shop instead of the café! It is bad work! Sorry but you cannot work at our firm," Mr. Peres says and walks back to the office.
 Mike cannot load boxes correctly because he can read and understand very few Portuguese words. Virginia looks at him. Mike is ashamed.
"Mike, you can learn portuguese better and then come again. OK?" Virginia says.
"OK," Mike answers, "Bye Virginia."
"Bye Mike," Virginia answers.
Mike walks home. He wants to learn Portuguese better now and then take a

um novo emprego.

Está na hora de ir para a Universidade

É segunda-feira de manhã, uma mãe entra no quarto para acordar seu filho.
"Levanta-te, são sete horas. Está na hora de ir para universidade!"
"Mas porquê, mãe? Eu não quero ir."
"Dá-me duas razões porque não queres ir," disse a mãe ao filho.
"Primeiro os estudantes odeiam-me, segundo os professores também me odeiam!"
"Oh, essas não são razões para não ir à Universidade. Levanta-te!"
"Está bem. Dá-me duas razões porque tenho de ir à Universidade," ele diz à sua mãe.
"Bem, primeiro tens 55 anos. E segundo, tu és o Director da Universidade! Levanta-te já!"

new job.

It is time to go to college

Monday morning, a mother comes into the room to wake up her son.
"Get up, it is seven o'clock. It is time to go to college!"
"But why, Mom? I don't want to go."
"Name me two reasons why you don't want to go," the mother says to the son.
"The students hate me for one and the teachers hate me too!"
"Oh, they are not reasons not to go to college. Get up!"
"OK. Name me two reasons why I must go to college," he says to his mother.
"Well, for one, you are 55 years old. And for two, you are the head of the college! Get up now!"

* * *

First Portuguese Reader
Pre-Intermediate

13

O nome do hotel
The name of the hotel

A

Palavras

1. a seguir/em seguida - then
2. à volta - round
3. abrir - to open
4. agora - now
5. anuncio - advert
6. atravessar, cruzar - through, across
7. baixo - down
8. caminhar - to walk
9. caminho - way
10. cansado - tired
11. chateado/com raiva - angry
12. dormir - to sleep
13. elevador - lift
14. encontrar - to find
15. final - over
16. fora - outside to
17. fora de - out of
18. Ford - Ford
19. já- already
20. Kasper - Kasper
21. lago - lake
22. levantar-se - to stand
23. longe - away
24. melhor - best
25. mostrar - to show
26. noite - night
27. outra vez - again
28. outro - another
29. parar - to stop
30. passado - past
31. pé - foot; a pé - on foot
32. Polónia - Poland
33. ponte - bridge
34. sorriso - smile; sorrir - to smile
35. surpresa - surprise
36. surprender - to surprise
37. surprendido - surprised
38. tarde - evening
39. taxi - taxi; taxista - taxi driver
40. tonto - silly
41. ver - to see

B

O nome do hotel

Este é um estudante. O seu nome é Kasper. Kasper é da Polónia. Ele não sabe falar português. Ele quer aprender português numa universidade em Portugal. Kasper vive num hotel no Porto.

Ele está no seu quarto agora. Ele olha para o mapa. Este mapa é muito bom. Kasper vê as ruas, as praças e as lojas no mapa. Ele sai do quarto e atravessa um longo corredor até ao elevador. O elevador leva-o para baixo. Kasper atravessa o corredor grande e sai do hotel. Ele pára perto do hotel e escreve o nome do hotel no seu carderno.

Há uma praça redonda e um lago no hotel. Kasper atravessa a praça até ao lago. Ela anda a volta do lago até à ponte. Tantos carros, camiões e pessoas passam sob a ponte. Então ele anda ao longo da estrada até ao centro da cidade. Ele passa muitos edificios bonitos.

Já é tarde. Kasper está cansado e quer voltar para o hotel. Ele pára um táxi, depois abre o bloco de notas e mostra o nome do hotel ao taxista. O taxista olha para o bloco de notas, sorri e vai-se embora. Kasper não consegue perceber. Ele pára e olha para o caderno. Então ele pára outro táxi e mostra o nome do hotel ao taxista outra vez. O taxista olha para o bloco de notas. Depois olha para o Kasper, sorri e também vai-se embora.

Kasper fica surpreendido. Ele pára outro táxi. Mas esse táxi também se foi embora. Kasper não consegue compreender. Ele está supreso e furioso. Mas ele não é tolo. Ele abre o mapa e encontra o caminho para o hotel. Ele caminha até ao hotel.

É de noite. Kasper está na sua cama. Ele dorme. As estrelas olham dentro do quarto através da janela. O bloco de notas está sobre a mesa. Está aberta. "Ford é o melhor carro". Este não é o nome do hotel. Isto é uma publicidade no

The name of the hotel

This is a student. His name is Kasper. Kasper is from Poland. He cannot speak Portuguese. He wants to learn Portuguese at a college in Portugal. Kasper lives in a hotel in Porto now.

He is in his room now. He looks at the map. This map is very good. Kasper sees streets, squares and shops on the map. He goes out of the room and through the long corridor to the lift. The lift takes him down. Kasper goes through the big hall and out of the hotel. He stops near the hotel and writes the name of the hotel into his notebook.

There is a round square and a lake at the hotel. Kasper goes across the square to the lake. He walks round the lake to the bridge. Many cars, trucks and people go over the bridge. Kasper goes under the bridge. Then he walks along a street to the city centre. He goes past many nice buildings.

It is evening already. Kasper is tired and he wants to go back to the hotel. He stops a taxi, then opens his notebook and shows the name of the hotel to the taxi driver. The taxi driver looks in the notebook, smiles and drives away. Kasper cannot understand it. He stands and looks in his notebook. Then he stops another taxi and shows the name of the hotel to the taxi driver again. The driver looks in the notebook. Then he looks at Kasper, smiles and drives away too.

Kasper is surprised. He stops another taxi. But this taxi drives away too. Kasper cannot understand it. He is surprised and angry. But he is not silly. He opens his map and finds the way to the hotel. He comes back to the hotel on foot.

It is night. Kasper is in his bed. He sleeps. The stars look in the room through the window. The notebook is on the table. It is

edificio do hotel.

open. *"Ford is the best car". This is not the name of the hotel. This is an advert on the building of the hotel.*

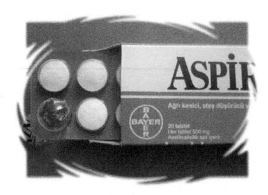

Aspirina
Aspirin

A

Palavras

1. algo - something
2. algum/algum - some
3. aquilo/aquele/aquela - that (conj)
4. aspirina - aspirin
5. assentar-se - to sit down
6. branco/branca - white
7. claro - of course
8. classe - classroom
9. comprimido - pill
10. cristal - crystal
11. dez - ten
12. dormitórios - dorms
13. exame, teste - test
14. examinar, aprovar - to test
15. farmácia - pharmacy
16. folha (de papel) - sheet (of paper)
17. grisalho - grey
18. inteligente - smart
19. mal cheiroso - stinking
20. maravilhoso - wonderful
21. médio - half
22. numa hora en una hora - in an hour;
23. há uma hora - at one o'clock
24. obtém, conseguir - to get (something),
25. chegar a - to get (somewhere)
26. papel - paper
27. para - for
28. passado - past; às oito e meia - at half past eight
29. passar - to pass,
30. exame aprovado - passed exam
31. pensar - to think
32. por isso - so
33. química - chemistry
34. químico - chemical(adj)
35. produtos químicos- chemicals
36. rapaz - guy
37. recesso, pausa - break, pause

38.	relogio - watch	42.	ultimo/ passado - last
39.	secretária (mesa) - desk	43.	durar - to last
40.	tarefa - task	44.	varias vezes - often
41.	tentar - to try		

Aspirina

Aspirin

Este é um amigo do Mike. Seu nome é Kazuki. Kazuki é do Japão. Sua lingua nativa é o Japonês. Ele sabe falar portugês muito bem também. Kazuki vive nos dormitorios. Kazuki está no seu quarto agora. Kazuki tem um teste de química hoje. Ele olha para o relógio. São oito horas. São horas de ir.

Kazuki sai para fora. Ela vai para a universidade. A universidade é perto dos dormitorios. Ele leva cerca de dez minutos para chegar ao colégio. Kazuki chega à sala de química. Ele abre a porta e olha dentro da sala de aula. Estão lá alguns alunos e o professor. Kazuki entra na sala.

"Olá," diz ele.

"Olá," respondem os alunos e o professor. Kazuki vai até à sua mesa e senta-se. O teste de química começa às oito e meia. O professor vem para a mesa do Kazuki.

"Aqui está a tua tarefa," disse o professor. Em seguida dá uma folha de papel com a tarefa ao Kazuki, "Tens de fazer aspirina. Podes trabalhar das oito e meia às doze horas. Começa por favor," o professor diz.

Kazuki sabe esta tarefa. Ele pega em alguns químicos e começa. Ele trabalha por dez minutos. Por fim ele obtém algo cinzento e mal-cheiroso. Esta não é uma boa aspirina. Kazuki sabe que ele tem de obter cristais de aspirina grandes e brancos. Então ele tenta outra vez e outra vez. Kazuki trabalha por mais uma hora mas ele obtém algo cinzento e mal-cheiroso novamente.

Kazuki está furioso e cansado. Ele não compreende. Ele pára e pensa um pouco. Kazuki

This is Mike's friend. His name is Kazuki. Kazuki is from Japan. Japanese is his native language. He can speak Portuguese very well too. Kazuki lives in the dorms. Kazuki is in his room now. Kazuki has a chemistry test today. He looks at his watch. It is eight o'clock. It is time to go.

Kazuki goes outside. He goes to the college. The college is near the dorms. It takes him about ten minutes to go to the college. Kazuki comes to the chemistry classroom. He opens the door and looks into the classroom. There are some students and the teacher there. Kazuki comes into the classroom.

"Hello," he says.

"Hello," the teacher and the students answer.

Kazuki comes to his desk and sits down. The chemistry test begins at half past eight. The teacher comes to Kazuki's desk.

"Here is your task," the teacher says. Then he gives Kazuki a sheet of paper with the task, "You must make aspirin. You can work from half past eight to twelve o'clock. Begin, please," the teacher says.

Kazuki knows this task. He takes some chemicals and begins. He works for ten minutes. At last he gets something grey and stinking. This is not good aspirin. Kazuki knows that he must get big white crystals of aspirin. Then he tries again and again. Kazuki works for an hour but he gets something grey and stinking again.

é um rapaz esperto. Ele pensa por um minuto e então encontra a resposta. Ele levanta-se.

"Posso fazer um intervalo de 10 minutos?" Kazuki pergunta ao professor.

"Claro que podes," responde o professor.

Kazuki sai para fora. Ele encontra uma farmacia perto da universidade. Ele entra e compra alguns comprimidos de aspirina. Em dez minutos ele volta para a sala de aula. Os alunos estão sentados e trabalham. Kazuki senta-se.

"Posso acabar o teste?" Kazuki diz ao professor em cinco minutos.

O professor vai à mesa do Kazuki. Ele vê cristais de aspirina grandes e brancos. O professor pára em supresa. Ele pára e olha para a aspirina por um minuto.

"É maravilloso! A tua aspirina é tão boa! Mas eu não consigo compreender! Eu varias vezes tento obter aspirina e obtenho algo cinzento e mal-cheiroso," diz o professor, "Tu passaste no teste," ele diz.

Kazuki vai se embora depois do teste. O professor vê algo branco na mesa do Kazuki. Ele vem à mesa e encontra o papel dos comprimidos de aspirina.

"Rapaz esperto. Ok, Kazuki. Agora tens um problema," diz o professor.

Kazuki is angry and tired. He cannot understand it. He stops and thinks a little. Kazuki is a smart guy. He thinks for a minute and then finds the answer! He stands up.

"May I have a break for ten minutes?" Kazuki asks the teacher.

"Of course, you may," the teacher answers.

Kazuki goes outside. He finds a pharmacy near the college. He comes in and buys some pills of aspirin. In ten minutes he comes back to the classroom. The students sit and work. Kazuki sits down.

"May I finish the test?" Kazuki says to the teacher in five minutes.

The teacher comes to Kazuki's desk. He sees big white crystals of aspirin. The teacher stops in surprise. He stands and looks at the aspirin for a minute.

"It is wonderful! Your aspirin is so nice! But I cannot understand it! I often try to get aspirin and I only get something grey and stinking," the teacher says, "You passed the test," he says.

Kazuki goes away after the test. The teacher sees something white at Kazuki's desk. He comes to the desk and finds the paper from the aspirin pills.

"Smart guy. Ok, Kazuki. Now you have a problem," the teacher says.

15

Maria e o canguru
Mary and a kangaroo

A

Palavras

1. água - water
2. ano- year
3. balde - pail
4. bater - to hit, to beat
5. boneca- doll
6. brinquedo - toy
7. cabelo - hair
8. cair - to fall
9. cai - fall
10. canguru - kangaroo
11. cauda - tail
12. chatear - to bother
13. cheio - full
14. contente/feliz - happy
15. esta bem/bem - okay, well
16. estante - bookcase
17. estudar - to study
18. eu - me
19. fortemente - strongly,

20. forte - strong
21. gelado - ice-cream
22. gritar/chorar - to cry
23. grita/chora - cries
24. juntos - together
25. largo - wide,
26. largamente - widely
27. leão - lion
28. macaco - monkey
29. mês - month
30. molhado- wet
31. nós - us
32. Oh! - Oh!
33. Oi - Hey!
34. olímpico - olympic
35. orelha - ear
36. plano - plan
37. planear, planificar - to plan
38. pobre - poor

39. primero/primera - first	46. tigre - tiger
40. quando - when	47. tirar/ puxar - to pull
41. que - what	48. vamos - let us
42. que é isto? - What is this?	49. voar - to fly
43. Qual mesa? - What table?	50. zebra - zebra
44. seu - its (for neuter)	51. zoológico - zoo
45. silenciosamente - quietly	

B

Maria e o canguru

Mike é agora um estudante. Ele estuda na universidade. Ele estuda português. Mike vive nos dormitórios. Ele vive ao lado do Kazuki. Mike está no seu quarto agora. Ele pega no telefone e liga ao seu amigo José.

"Olá," diz José respondendo à chamada.

"Olá José. Sou o Mike. Como estás?" disse Mike.

"Olá Mike. Estou bem. Obrigado. E tu como estás?" responde José.

"Eu estou bem. Obrigado. Vou dar um passeio. Quais são os teus planos para hoje?" diz Mike.

"A minha irmã Maria pediu-me para a levar Jardim Zoológico. Vou levá-la agora. Queres ir junto?" diz José.

"Ok. Irei contigo. Onde nos encontramos?" pergunta Mike.

"Vamos nos encontrar na paragem de autocarros Olimpico. E pede ao Kazuki para vir connosco também," diz José.

"Está bem. Adeus," responde Mike.

"Até já. Adeus," diz José.

Então Mike vai ao quarto de Kazuki. Kazuki está no seu quarto.

"Olá," diz Mike.

"Oh, olá Mike. Entra por favor," diz Kazuki. Mike entra.

"José, e a sua irmã and e eu vamos ao Jardim Zoológico. Queres vir connosco?" pergunta Mike.

"Claro, eu também irei," disse Kazuki.

Mike e Kazuki caminham até à paragem de autocarros Olímpico. Eles veêm José e a sua

Mary and kangaroo

Mike is a student now. He studies at a college. He studies Portuguese. Mike lives at the dorms. He lives next door to Kazuki's.

Mike is in his room now. He takes the telephone and calls his friend José.

"Hello," José answers the call.

"Hello José. It is Mike here. How are you?" Mike says.

"Hello Mike. I am fine. Thanks. And how are you?" José answers.

"I am fine too. Thanks. I will go for a walk. What are your plans for today?" Mike says.

"My sister Mary asks me to take her to the zoo. I will take her there now. Let us go together," José says.

"Okay. I will go with you. Where will we meet?" Mike asks.

"Let us meet at the bus stop Olympic. And ask Kazuki to come with us too," José says.

"Okay. Bye," Mike answers.

"See you. Bye," José says.

Then Mike goes to Kazuki's room. Kazuki is in his room.

"Hello," Mike says.

"Oh, hello Mike. Come in, please," Kazuki says. Mike comes in.

"José, his sister and I will go to the zoo. Will you go together with us?" Mike asks.

"Of course, I will go too!" Kazuki says.

Mike and Kazuki walk to the bus stop Olympic. They see José and his sister

irmã Maria lá.

A irmã do José tem só cinco anos. A irmã é uma menina pequena e cheia de energia. Ela gosta muito de animais. Mas Maria pensa que os animais são brinquedos. Os animais fogem dela porque ela os incomoda muito. Ela puxa o cauda ou a orelha, bate com a mão ou com um brinquedo. Maria tem um cão e um gato em casa. Quando a Maria está em casa o cão está debaixo da cama e o gato senta-se na estante. Para que ela não os apanhe.

Maria, José, Mike e Kazuki entram no Jardim Zoológico.

"Eu já vivo em Portugal há cinco meses mas estou a ver os animais grandes pela primeira vez," diz Mike.

Há muitos animais no Jardim Zoológico. Maria está muito feliz. Ela corre do leão para o tigre. Ela bate na zebra com a sua boneca. Ela puxa o cauda do macaco com tanta força que todos os macacos fogem a gritar. Então Maria vê o canguru. O canguru bebe agua de um balde. Maria sorri e vem para o canguru muito silenciosamente. E então…

"Oi! Canguruuu-uu-uu!!" grita Maria e puxa-lhe a cauda. O canguru olha para a Maria com os olhos bem abertos. Saltou em surpresa o balde voou pelo ar e cai em cima da Maria. Agua escorre pelo cabelo, cara e o vestido dela. Maria está toda molhada.

"Tu és um Canguru mau! Mau!" ela grita. Algumas pessoas sorriem e outros dizem: "Pobre menina." José leva a Maria a casa.

"Tu não devias incomodar os animais," diz José e dá-lhe um gelado. Maria come o gelado.

"Está bem. Eu não brincarei mais com os animais grandes e furiosos," pensa Maria, "Eu vou brincar só com os animais pequenos." Ela está feliz de novo.

Mary there.

José's sister is only five years old. She is a little girl and she is full of energy. She likes animals very much. But Mary thinks that animals are toys. The animals run away from her because she bothers them very much. She can pull tail or ear, hit with a hand or with a toy. Mary has a dog and a cat at home. When Mary is at home the dog is under a bed and the cat sits on the bookcase. So she cannot get them.

Mary, José, Mike and Kazuki come into the zoo.

"I have lived in Portugal for five months but see big animals for the first time," Mike says.

There are very many animals in the zoo. Mary is very happy. She runs to the lion and to the tiger. She hits the zebra with her doll. She pulls the tail of a monkey so strong that all the monkeys run away crying. Then Mary sees a kangaroo. The kangaroo drinks water from a pail. Mary smiles and comes to the kangaroo very quietly. And then…

"Hey!! Kangaroo-oo-oo!!" Mary cries and pulls its tail. The kangaroo looks at Mary with wide open eyes. It jumps in surprise so that the pail with water flies up and falls on Mary. Water runs down her hair, her face and her dress. Mary is all wet.

"You are a bad kangaroo! Bad!" she cries.

Some people smile and some people say: "Poor girl." José takes Mary home.

"You must not bother the animals," José says and gives an ice-cream to her. Mary eats the ice-cream.

"Okay. I will not play with very big and angry animals," Mary thinks, "I will play with little animals only." She is happy again.

16

Páraquedistas
Parachutists

A

Palavras

1. a cair - falling
2. acreditar - to believe
3. ah.. - ah..
4. amarelo - yellow
5. apanhar, capturar - to catch
6. dar-se conta- to catch on
7. ar - air
8. assento/cadeira - seat,
9. assentar-se - to take a seat
10. avião - airplane
11. borracha - rubber
12. calado/silencioso - silent
13. silenciosamente - silently
14. calças - trousers
15. casaco - jacket
16. clube - club
17. dentro - inside
18. depois - after
19. empurrar - to push
20. equipa - team

21. estufado - stuffed;
22. boneco páraquedistas estufado - stuffed parachutist
23. exibição aérea - airshow
24. fazer - to do
25. fechar - to close
26. fim - over
27. grande - great
28. irado/furioso - angrily
29. já agora - by the way
30. Jack - Jack
31. membro - member
32. metal - metal
33. na rua - into the street,
34. fora de - out of
35. nove - nine
36. outro - other
37. papá - daddy
38. paraquedas - parachute
39. páraquedistas - parachutist

40.	parte - part	51.	tecto- roof
41.	piloto - pilot	52.	terra - land; aterrar - to land
42.	preparar - to prepare	53.	treinar - to train; treinado - trained
43.	próprio/própria - own	54.	truque - trick
44.	público, audiência - audience	55.	vermelho - red
45.	real - real	56.	vestido/vestida - dress
46.	sair de - to get off	57.	vestir-se - to put on
47.	salvar - to save	58.	estar vestido - to be dressed
48.	se (condicional) - if	59.	vida - life; manobra de salvamento
49.	ser/estar - to be		- life-saving trick
50.	sómente/exacto - just		

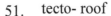

B

Páraquedistas

É de manhã. Mike vem ao quarto de Kazuki.
Kazuki está sentado à mesa e escreve algo. O
gato do Kazuki, Favorito, está na cama de
Kazuki. E dorme sossegadamente.
"Posso entrar?" pergunta Mike.
"Oh Mike. Entra por favor. Como estás?"
responde Kazuki.
"Bem. Obrigado. Como estás tu?" diz Mike.
"Eu estou bem. Obrigado. Senta-te, por favor,"
Kazuki responde.
Mike senta-se numa cadeira.
"Tu sabes que eu sou membro de um clube de
paraquedismo. Hoje vamos fazer uma exibição
aérea," diz Mike, "Vou fazer uns saltos lá."
"É muito interessante," Kazuki responde,
"Talvez vá ver a exibição aérea."
"Se quiseres posso levar-te lá e tu podes andar de
avião," diz Mike.
"A sério? Isso será fantástico!" grita Kazuki, "A
que horas é a exibição aérea?"
"Começa às dez horas da manhã," responde o
Mike, "José virá também. Já agora vamos
precisar da tua ajuda para empurrar o boneco
páraquidista estufado fora do avião. Ajudas?"
"Um boneco páraquidista estufado? Porquê?"
disse Kazuki surpreendido.
"Sabes, isso faz parte da exibição," Mike diz,
"Isto é manobra de salvamento. O boneco
paraquedista cai. Nessa altura um paraquedista

Parachutists

*It is morning. Mike comes to Kazuki's
room. Kazuki sits at the table and writes
something. Kazuki's cat Favorite is on
Kazuki's bed. It sleeps quietly.
"May I come in?" Mike asks.
"Oh, Mike. Come in please. How are
you?" Kazuki answers.
"Fine. Thanks. How are you?" Mike
says.
"I am fine. Thanks. Sit down, please,"
Kazuki answers.
Mike sits on a chair.
"You know I am a member of a
parachute club. We will have an airshow
today," Mike says, "I will make some
jumps there."
"It is very interesting," Kazuki answers,
"I may come to see the airshow."
"If you want I can take you there and
you can fly in an airplane," Mike says.
"Really? That will be great!" Kazuki
cries, "What time is the airshow?"
"It begins at ten o'clock in the
morning," Mike answers, "José will
come too. By the way we need help to
push a stuffed parachutist out of the
airplane. Will you help?"
"A stuffed parachutist? Why?" Kazuki
says in surprise.
"You see, it is a part of the show," Mike*

verdadeiro salta até ele, apanha-o e abre o seu próprio paraquedas. E o "homem" é salvo!"

"Magnífico!" responde Kazuki, "Eu ajudo. Vamos!"

Kazuki e Mike saem para fora. Eles vão para a paragem de autocarros Olímpico e apanham um autocarro. Eles levam apenas dez minutos até à exibição aérea. Quando saem do autocarro eles veêm o José.

"Olá José," diz Mike, "Vamos para o avião."

Eles veêm uma equipa de páraquidistas no avião. Eles dirigem-se ao chefe da equipa. O chefe de equipa está vestido com calças vermelhas e casaco vermelho.

"Olá Jack," disse Mike, "Kazuki e José ajudarão na manobra de salvamento."

"Está bem. O boneco paraquedista está aquí," diz Jack. Ela dá-lhes o boneco paraquedista. O boneco paraquedista está vestido com calças vermelhas e casaco vermelho.

"Está vestido como tu," disse José sorrindo para o Jack.

"Não temos tempo de falar sobre isso," diz Jack, "Leve o para o avião."

Kazuki e José levam o boneco paraquedista para o avião. Eles tomam o assento junto ao piloto. Toda a equipa de paraquedistas menos o chefe entram no avião. Eles fecham a porta. Em cinco minutos o avião está no ar. Quando voa sobre o Porto, José vê a sua própria casa.

"Olha! A minha casa está ali!" grita José.

Kazuki olha através da janela para as ruas, praças e parques da cidade. É maravilhoso voar num avião.

"Preparem-se para saltar!" grita o piloto. Os paraquedistas levantam-se. Eles abrem a porta.

"Dez, nove, oito, sete, seis, cinco, quatro, três, dois, um. Vamos!" grita o piloto.

Os paraquedistas começam a saltar fora do avião. O público lá em baixo vê paraquedas, vermelhas, verdes, brancas, azuis e amarelas. Parecem muito bonitas. Jack, o chefe dos paraquedistas olha para cima também. Os paraquedistas voam para baixo e alguns já aterraram.

says, "This is a life-saving trick. The stuffed parachutist falls down. At this time a real parachutist flies to it, catches it and opens his own parachute. The "man" is saved!"

"Great!" Kazuki answers, "I will help. Let's go!"

Kazuki and Mike go outside. They come to the bus stop Olympic and take a bus. It takes only ten minutes to go to the airshow. When they get off the bus, they see José.

"Hello José," Mike says, "Let's go to the airplane."

They see a parachute team at the airplane. They come to the head of the team. The head of the team is dressed in red trousers and a red jacket.

"Hello Jack," Mike says, "Kazuki and José will help with the life-saving trick."

"Okay. The stuffed parachutist is here," Jack says. He gives them the stuffed parachutist. The stuffed parachutist is dressed in red trousers and a red jacket.

"It is dressed like you," José says smiling to Jack.

"We have no time to talk about it," Jack says, "Take it into this airplane."

Kazuki and José take the stuffed parachutist into the airplane. They take seats at the pilot. All the parachute team but its head gets into the airplane. They close the door. In five minutes the airplane is in the air. When it flies over Porto José sees his own house.

"Look! My house is there!" José cries.

Kazuki looks through the window at streets, squares, and parks of the city. It is wonderful to fly in an airplane.

"Prepare to jump!" the pilot cries. The parachutists stand up. They open the door.

"Ten, nine, eight, seven, six, five, four, three, two, one. Go!" the pilot cries.

The parachutists begin to jump out of the airplane. The audience down on the land sees red, green, white, blue, yellow parachutes. It looks very nice. Jack, the

"Está bem. Bom trabalho rapazes," disse Jack e vai ao café mais próximo para beber um café.
A exibição aérea continua.
"Preparem-se para a manobra de salvamento," grita o piloto.
José e Kazuki levam o boneco até à porta.
"Dez, nove, oito, sete, seis, cinco, quatro, três, dois, um. Vamos!" grita o piloto.
Kazuki e José empurram o boneco páraquedista através da porta. Ele sai mas depois pára. A sua mão de borracha fica presa numa parte de metal do avião.
"Vamos, vamos rapazes!" grita o piloto.
Os rapazes empurram o boneco com força mas não conseguem tirá-lo.
O publico em baixo vê um homem vestido de vermelho na porta do avião. Outros dois homens tentam empurrá-lo para fora. As pessoas não acreditam nos seus olhos. Continua por mais um minuto. Então o paraquedista cai. Outro paraquedista de vermelho salta fora do avião e tenta apanhá-lo. Mas não consegue. O paraquedista de vermelho cai. E cai através do telhado dentro do café. O piblico olha silenciosamente. Depois as pessoas veêm um homem vestido de vermelho correr para dentro do café. O homem é Jack, o chefe da equipa de paraquesdistas. Mas o publico pensa que ele é o paraquedista que caiu. Ele olha para cima e grita furioso, " Se não consegues apanhar um homem então não tentes!"
O publico está em silêncio.
"Papá, este homem é muito forte," uma menina pequena diz ao pai.
"Ele é bem treinado," responde o pai.
Depois da exibição aérea Kazuki e José vão ter com o Mike.
"Que tal foi o nosso trabalho?" pergunta José.
"Ah... Oh, muito bom. Obrigado," responde Mike.
"Se precisares de alguma ajuda é só dizeres," diz Kazuki.

head of the parachute team looks up too. The parachutists fly down and some land already.
"Okay. Good work guys," Jack says and goes to the nearby café to drink some coffee.
The airshow goes on.
"Prepare for the life-saving trick!" the pilot cries.
José and Kazuki take the stuffed parachutist to the door.
"Ten, nine, eight, seven, six, five, four, three, two, one. Go!" the pilot cries.
Kazuki and José push the stuffed parachutist through the door. It goes out but then stops. Its rubber "hand" catches on some metal part of the airplane.
"Go-go boys!" the pilot cries.
The boys push the stuffed parachutist very strongly but cannot get it out.
The audience down on the land sees a man dressed in red in the airplane door. Two other men try to push him out. People cannot believe their eyes. It goes on about a minute. Then the parachutist in red falls down. Another parachutist jumps out of the airplane and tries to catch it. But he cannot do it. The parachutist in red falls down. It falls through the roof inside of the café. The audience looks silently. Then the people see a man dressed in red run outside of the café. This man in red is Jack, the head of the parachutist team. But the audience thinks that he is that falling parachutist. He looks up and cries angrily, "If you cannot catch a man then do not try it!"
The audience is silent.
"Daddy, this man is very strong," a little girl says to her dad.
"He is well trained," the dad answers.
After the airshow Kazuki and José go to Mike.
"How is our work?" José asks.
"Ah... Oh, it is very good. Thank you," Mike answers.

"If you need some help just say,"
Kazuki says.

17

Desliga o gás!
Turn the gas off!

A

Palavras

1. auricular - phone handset
2. bilhete- ticket
3. chaleira - kettle
4. chamar - to ring,
5. tocar - ring
6. comboio - train
7. congelar - to freeze
8. contar, dizer - to tell, to say
9. cuidadoso/cuidadosa - careful
10. de repente - suddenly
11. encher - to fill up
12. então - so
13. entretanto - meanwhile
14. espalhar - to spread
15. esqueceu - forgot
16. estação - station
17. estranho - strange
18. fogo- fire
19. gás - gas
20. gato/gata - pussycat
21. imediatamente - immediately
22. jardim de infancia - kindergarten
23. linha de comboio - railway
24. manhoso - sly; astutamente - slyly
25. momento - moment
26. onze - eleven
27. pálido/pálida - pale
28. pé - foot;
29. caminhar - on foot
30. Peres- Peres
31. perto - nearby
32. por em ordem- to order
33. por verticalmente - to put vertically
34. por horizontalmente - to put horizontally
35. quarenta e quatro - forty-four
36. quem - who
37. quente- warm;
38. aquecer - to warm up
39. quilómetro - kilometer
40. rápido - quick;

41.	rápidamente - quickly	47.	vinte - twenty
42.	secretária- secretary	48.	virar - to turn;
43.	sentir - feeling	49.	ligar - to turn on;
44.	ter de - shall/will	50.	desligar - to turn off
45.	torneira - tap	51.	vivendo/ a viver - living
46.	tudo - everything	52.	voz - voice

B

Desliga o gás!

São sete horas da manhã. José e Maria dormem. A mãe deles está na cozinha. O nome da mãe é Linda. Linda tem quarenta e quatro anos. Ela é uma mulher cuidadosa. Linda limpa a cozinha antes de ir trabalhar. Ela é secretária. Ela trabalha a vinte quilómetros do Porto. Linda habitualmente vai trabalhar de comboio.

Ela sai para fora. A estação de comboios é perto, então a ela caminha até lá. Ela compra o bilhete e entra no comboio. Leva cerca de vinte minutos para ir para o trabalho. Linda senta no comboio e olha pela da janela.

De repente ela pára. A chaleira! Está em cima do fogão e ela esqueceu-se de desligar o gás! José e Mari dormem. O fogo pode se espalhar pela mobilia e depois.. Linda fica pálida. Mas é uma mulher esperta e num minuto ela sbae o que fazer. Ela pede a uma mulher e um homem, sentados ao pé, para telefonar para casa e dizer ao José sobre a chaleira.

Entretanto José levanta-se e vai para a cozinha. Ele tira a chaleira da mesa, enche com água e põe no fogão. Depois ele tira o pão e manteiga e faz sanduiches. Maria entra na cozinha.

"Onde está o meu gatinho?" ela pergunta.

"Eu não sei," responde José, "Vai a casa de banho e lava a cara. Vamos comer beber chá a comer sanduiches agora. Depois vou te levar ao Jardim de Infancia."

Turn the gas off!

It is seven o'clock in the morning. José and María sleep. Their mother is in the kitchen. The mother's name is Linda. Linda is forty-four years old. She is a careful woman. Linda cleans the kitchen before she goes to work. She is a secretary. She works twenty kilometers away from Porto. Linda usually goes to work by train.

She goes outside. The railway station is nearby, so Linda goes there on foot. She buys a ticket and gets on a train. It takes about twenty minutes to go to work. Linda sits in the train and looks out of the window. Suddenly she freezes. The kettle! It stands on the cooker and she forgot to turn the gas off! José and Maria sleep. The fire can spread on the furniture and then... Linda turns pale. But she is a smart woman and in a minute she knows what to do. She asks a woman and a man, who sit nearby, to telephone her home and tell José about the kettle.

Meanwhile José gets up, washes and goes to the kitchen. He takes the kettle off the table, fills it up with water and puts it on the cooker. Then he takes bread and butter and makes sandwiches. Maria comes into the kitchen.

"Where is my little pussycat?" she asks.

"I do not know," José answers, "Go to the bathroom and wash your face. We will drink some tea and eat some sandwiches now. Then

Maria não se quer lavar. "Eu não consigo abrir a torneira," disse ela astutamente.

"Eu ajudo-te," disse seu irmão. Nesse momento o telefone toca. Maria corre rápidamente para o telefone e pega no auricular.

"Olá, aqui é o Jardim Zoológico. Quem és tu?" ela disse. José tira-lhe o auricular e diz, "Olá, aqui é o José."

"És o José que vive na Rua da Rainha numero 11?" pregunta uma estranha voz de mulher.

"Sim," responde José.

"Vai a cozinha imediatamente e desliga o gás!" grita a voz da mulher.

"Quem és tu? Porque devo desligar o gás?" diz José surpreendido.

"Fá-lo agora," ordena a voz.

José desliga o gás. Maria e José olham para a chaleira surpreendidos.

"Não entendo," disse José, "Como pode esta mulher saber que vamos beber chá?"

"Tenho fome," diz sua irmã, "Quando é que vamos comer?"

"Eu também tenho fome," diz José e liga o gás de novo. Nesse momento. O telefone toca outra vez.

"Olá," diz José.

"És o José que vive na Rua da Rainha numero 11?" pregunta uma estranha voz de homem.

"Sim," responde José.

"Desliga o gás do fogão imediamente! Tem cuidado!" ordena a voz.

"Está bem," disse José e desliga o gás outra vez.

"Vamos para o Jardim de Infância," disse José à Maria sentindo que hoje não iam beber chá.

"Não. Eu quero chá e pão com manteiga," diz Maria iradamente.

"Bem, vamos tentar aquecer a chaleira outra vez," disse seu irmão e liga o gás.

O telefone toca e desta vez é a sua mãe e

I will take you to the kindergarten."

Maria does not want to wash. "I cannot turn on the water tap," she says slyly.

"I will help you," her brother says. At this moment the telephone rings. Maria runs quickly to the telephone and takes the handset.

"Hello, this is the zoo. And who are you?" she says. José takes the handset from her and says, "Hello. This is José."

"Are you José Peres living at eleven Rua da Rainha?" the voice of a strange woman asks.

"Yes," José answers.

"Go to the kitchen immediately and turn the gas off!" the woman's voice cries.

"Who are you? Why must I turn the gas off?" José says in surprise.

"Do it now!" the voice orders.

José turns the gas off. Maria and José look at the kettle in surprise.

"I do not understand," José says, "How can this woman know that we will drink tea?"

"I am hungry," his sister says, "When will we eat?"

"I am hungry too," José says and turns the gas on again. At this minute the telephone rings again.

"Hello," José says.

"Are you José Peres who lives at eleven Rua da Rainha?" the voice of a strange man asks.

"Yes," José answers.

"Turn off the cooker gas immediately! Be careful!" the voice orders.

"Okay," José says and turns the gas off again.

"Let's go to the kindergarten," José says to Maria feeling that they will not drink tea today.

"No. I want some tea and bread with butter," Maria says angrily.

"Well, let's try to warm up the kettle again," her brother says and turns the gas on.

ordena que desligue o gás. Depois explica tudo. Por fim José e Maria bebem o chá e vão para o Jardim de Infância.

The telephone rings and this time their mother orders to turn the gas off. Then she explains everything. At last Maria and José drink tea and go to the kindergarten.

18

Uma agência de emprego
A job agency

A

Palavras

1.	a limpar - cleaning	21.	fixe - cool, great
2.	actual - current	22.	forte - strong;
3.	ajudante - helper	23.	fortemente - strongly
4.	braço - arm	24.	grisalho - gray-headed
5.	cabo - cable	25.	história - story
6.	chão - floor	26.	individualmente - individually
7.	cidade - town	27.	mental - mental; mentalmente - mentally
8.	colchão - mattress		
9.	como - as	28.	mentir - to lie
10.	completo - all-round	29.	metade - half
11.	concordar - to agree	30.	mortal/fatal - deadly
12.	confuso - confused	31.	número - number
13.	consultar - to consult	32.	mesmo - the same
14.	consultor - consultant	33.	ao mesmo tempo - at the same time
15.	corrente/ a correr - running		
16.	cuidadosamente - carefully	34.	permitir - to let
17.	editoria - publishing house	35.	por hora - per hour
18.	eléctrico/eléctrica - electric	36.	posição - position
19.	estava/foi - was	37.	preocupar-se - to worry
20.	experiência - experience	38.	quinze - fifteen

39.	recomendar - to recommend	45.	trabalho manual - manual work
40.	seguro/segura - sure	46.	trabalho mental - mental work
41.	senhor - sir	47.	tremer - to shake
42.	seriamente/ a sério - seriously	48.	um ao outro - each other
43.	sessenta - sixty	49.	visitante - visitor
44.	também - also		

B

Uma agência de emprego

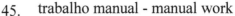
A job agency

Um dia Kazuki vai ao quarto do Mike e vê que o seu amigo está deitado na cama e treme. Kazuki vê os cabos eléctricos que vão do Mike até a chaleira eléctrica. Kazuki acha que o Mike está sob uma corrente eléctrica mortal. Ele vai rápidamente para o junto da cama pega no colchão e puxa com força. Mike cai para o chão. Depois levanta-se e olha para o Kazuki supreendido.

"O que é que foi?" pergunta Mike.

"Estavas sob uma corrente eléctrica," diz Kazuki.

"Não, eu ouço música," diz Mike e mostra-lhe o leitor de CDs.

"Oh, tenho muita pena," diz Kazuki. Ele está confuso.

"Está bem. Não te preocupes," responde Mike calmamente limpando as calças.

"José e eu vou a uma agência de emprego. Qures vir connosco?" pergunta Kazuki.

"Claro. Vamos juntos," diz Mike.

Eles saem para fora e apanham o autocarro numero sete. E leva cerca de 15 minutos para ir a ir até a agencia. José já está lá. Eles entram no edificio. Hà uma longa fila para o escritorio da agencia. Eles esperam na fila. Em meia eles entram no escritorio, Há uma mesa e algumas estantes no escritorio. Á mesa senta um homem de cabelo grisalho. Ele tem cerca de sessenta anos.

"Entrem rapazes!" ele diz amigavélmente, "Sentem-se, por favor."

José, Mike e Kazuki sentam-se.

"Meu nome é Jorge Peres. Sou o consultor de empregos. Habitualmente eu falo com os visitantes individualmente. Mas como são todos estudantes e conhecem-se uns aos ou tros eu

One day Kazuki goes to Mike's room and sees that his friend lies on the bed and shakes. Kazuki sees some electrical cables running from Mike to the electric kettle. Kazuki believes that Mike is under a deadly electric current. He quickly goes to the bed, takes the mattress and pulls it strongly. Mike falls to the floor. Then he stands up and looks at Kazuki in surprise.

"What was it?" Mike asks.

"You were on electrical current," Kazuki says.

"No, I listen to the music," Mike says and shows his CD player.

"Oh, I am sorry," Kazuki says. He is confused.

"It's okay. Do not worry," Mike answers quietly cleaning his trousers.

"José and I go to a job agency. Do you want to go with us?" Kazuki asks.

"Sure. Let's go together," Mike says.

They go outside and take the bus number seven. It takes them about fifteen minutes to go to the job agency. José is already there. They come into the building. There is a long queue to the office of the job agency. They stand in the queue. In half an hour they come into the office. There is a table and some bookcases in the room. At the table sits a gray-headed man. He is about sixty years old.

"Come in guys!" he says friendly, "Take seats, please."

José, Mike and Kazuki sit down.

"My name is Jorge Pérez. I am a job consultant. Usually I speak with visitors

posso consultá-los todos juntos. Concordam?
"Sim, Senhor," disse José, "Nós temos todos quatro horas livres todos os dias. Precisamos de encontrar trabalho para essas horas, senhor."
"Bem tenho alguns trabalhos para estudantes. E tu desliga o teu leitor," disse o Sr Peres a Mike.
"Eu posso ouvi-lo e escutar música ao mesmo tempo," diz Mike.
"Se quiseres seriamente encontrar trabalho, tira os auscultadores e ouve cuidadosamente o que eu vou dizer," diz o Sr Peres, "Agora rapazes digam que tipo de trabalho precisam? Precisam de trabalho mental ou trabalho manual."
"Eu posso fazer qualquer trabalho," diz Kazuki, "Sou forte. Braço de ferro?" ele diz e põe o braço em cima da mesa do Sr Peres.
"Aqui não é um clube desportivo mas se quiseres…" o Sr Peres disse. Ele põe o seu braço na mesa e rápidamente empurra o braço do Kazuki para baixo, "Como podes ver filho, não deves ser apenas forte mas também esperto."
"Eu posso trabalhar mentalmente também, Senhor," diz Kazuki de novo. Ele quer muito encontrar um trabalho. "Eu sei escrever historias. Eu tenho algumas historias da minha terra natal."
"Isso é muito interesante," diz o Sr Peres. Ele tira uma folha de papel, "A editora 'Completo' precisa de um jovem ajudante para o lugar de escritor. Eles pagam nove euros por hora."
"Que bom!" diz Kazuki, "Posso experimentar?"
"Claro. Aqui está o numero de telefone e a morada deles," diz o Sr Peres e dá a folha de papel a Kazuki.
"E vocês rapazes podem escolher um trabalho numa quinta, numa firma de computadores, num jornal ou num supermercado. Como não têm nenhuma experiencia eu recomendo que comecem a trabalhar numa quinta. Eles precisam de dois trabalhadores," disse o Sr Peres a José e Mike.
"Quanto pagam?" pergunta José.
"Deixem-me ver…" o Sr Peres olha para o seu computador, "Eles preicsam de trabalhadores para três ou quatro horas por dia e eles pagam sete euros por hora. Sabados e Domingos são livres. Concordam?" Ele pergunta l.
"Eu concordo," disse José.
"Eu também concordo," disse Mike.

individually. But as you are all students and know each other I can consult you all together. Do you agree?"
"Yes, sir," José says, "We have three or four hours of free time every day. We need to find jobs for that time, sir."
"Well. I have some jobs for students. And you take off your player," Mr. Pérez says to Mike.
"I can listen to you and to music at the same time," Mike says.
"If you seriously want to get a job take the player off and listen carefully to what I say;" Mr. Pérez says, "Now guys say what kind of job do you need? Do you need mental or manual work?"
"I can do any work," Kazuki says, "I am strong. Want to arm?" he says and puts his arm on Mr. Pérez's table.
"It is not a sport club here but if you want..." Mr. Pérez says. He puts his arm on the table and quickly pushes down Kazuki's arm, "As you see son, you must be not only strong but also smart."
"I can work mentally too, sir," Kazuki says again. He wants to get a job very much. "I can write stories. I have some stories about my native town."
"This is very interesting," Mr. Pérez says. He takes a sheet of paper, "The publishing house "All-round" needs a young helper for a writing position. They pay nine euro per hour."
"Cool!" Kazuki says, "Can I try?"
"Sure. Here are their telephone number and their address," Mr. Pérez says and gives a sheet of paper to Kazuki.
"And you guys can choose a job on a farm, in a computer firm, on a newspaper or in a supermarket. As you do not have any experience I recommend you to begin to work in a farm. They need two workers," Mr. Pérez says to José and Mike.
"How much do they pay?" José asks.
"Let me see..." Mr. Pérez looks into the computer, "They need workers for three or four hours a day and they pay seven euro per hour. Saturdays and Sundays are free. Do

"Bem. Tomem o numero de telefone e a morada da quinta," diz o Sr. Peres e dá-lhes uma folha de papel.
"Obrigado Senhor," dizem os rapazes e vão lá para fora.

you agree?" he asks.
"I agree," José says.
"I agree too," Mike says.
"Well. Take the telephone number and the address of the farm," Mr. Pérez says and gives a sheet of paper to them.
"Thank you, sir," the boys say and go outside.

19

José e Mike lavam o camião
José and Mike wash the truck

 A

Palavras

1. a lavar - washing
2. a carregar - loading
3. a lançar - pitching
4. a limpar - cleaning
5. adequado - suitable
6. ao longo- along
7. barco - ship
8. caixa - box
9. campo - field
10. carregar/levar - to carry in hands,
11. transportar- to carry by transport
12. chegar - to arrive
13. começar - to start
14. costa - seashore
15. Daniel - Daniel
16. décimo - tenth
17. descarregar - to unload
18. dono - owner
19. Em primeiro - at first
20. esperar - to wait
21. estrada - road
22. fechado - close
23. flutuar - to float
24. força- strength
25. frente- front
26. lentamente - slowly
27. licença - driving license
28. longe - far
29. maior - bigger
30. Mais longe - further
31. máquina - machine
32. mar - sea

33.	metro - meter	46.	revisar/confirmar - to check
34.	motor - engine	47.	roda - wheel
35.	muito - lot	48.	segundo - second
36.	nenhum - not any	49.	semente - seed
37.	nona- ninth	50.	sétimo - seventh
38.	oitavo - eighth	51.	sexto - sixth
39.	onda - wave	52.	também - too; demasiaodo garnde - too big
40.	patio - yard	53.	terceiro - third
41.	patrão - employer	54.	travão - brake,
42.	perto- closer	55.	travar - to brake
43.	pisando - stepping	56.	um tanto - quite
44.	quarto - fourth	57.	usar - to use
45.	quinto - fifth		

B

José e Mike lavam o camião

José e Mike trabalham agora numa quinta. Eles trabalham três ou quatro horas todos os dias. O trabalho é um tanto árduo. Eles têm de fazer muito trabalho todos os dias. Eles limpam a quinta de dois em dois dias. Eles lavam as máquinas da quinta de três em três dias. De quatro em quatro dias elses trabalham nos campos da quinta.

O nome do patrão deles é Daniel Martins. O Sr Martins é o dono da quinta e ele faz a maioria do trabalho. O Sr. Martins trabalha arduamente. Ele também dá muito trabalho ao José e ao Mike.

"Oi rapazes, acabem de limpar as máquinas, peguem no camião e vão à firma transportadora 'Rápido'," diz o Sr. Martins, "Eles têm uma carga para mim. Carreguem as caixas com as sementes no camião, tragam-nas para patio da quinta. Façam-no rápido porque eu precisode usar as sementes hoje. E não se esqueçam de lavar o camião."

"Está bem," disse José. Eles terminam de limpar e entram no camião. José tem a carta de condução por isso ele conduz o camião. Ele liga o motor e primeiro ele conduz devagarinho dentro do patio da quinta e depois rápidamente ao longo da estrada. A firma transportadora Rapido não é longe da quinta. Eles chegam lá em quinze minutos. Eles procuram pela porta de

José and Mike wash the truck

José and Mike work on a farm now. They work three or four hours every day. The work is quite hard. They must do a lot of work every day. They clean the farm yard every second day. They wash the farm machines every third day. Every fourth day they work in the farm fields.

Their employer's name is Daniel Martins. Mr. Martins is the owner of the farm and he does most of the work. Mr. Martins works very hard. He also gives a lot of work to José and Mike.

"Hey boys, finish cleaning the machines, take the truck and go to the transport firm Rapid," Mr. Martins says, "They have a load for me. Load boxes with the seed in the truck, bring them to the farm, and unload in the farm yard. Do it quickly because I need to use the seed today. And do not forget to wash the truck."

"Okay," José says. They finish cleaning and get into the truck. José has a driving license so he drives the truck. He starts the engine and drives at first slowly through the farm yard, then quickly along the road. The transport firm Rapid is not far from the farm. They arrive there in fifteen minutes. They look for the loading door number ten there.

carga numero 10.

José conduz o camião cuidadosamente através do patio de cargas. Eles passam a primeira porta de embarque, passam a segunda porta de embarque, passam a terceira, passam a quarta, passam a quinta, passam a sexta, passam a setima, passam a oitava, depois passam a nona porta de carga. José conduz até à décima porta de carga e pára.

"Devemos confirmar a lista de cargas primeiro," disse Mike, que já tinha alguma experiencia com listas de cargas nesta firma transportadora. Ele vai ter com o carregador que trabalha à porta e dá-lhe a lista de cargas. O carregador carrega rápidamente cinco caixas para dentro do camião. Mike verifica as caixas cuidadosamente. Todos os números nas caixas correspondem aos números na lista de carga.

"Os números estão correctos. Agora podemos ir," diz Mike.

"Está bem," diz José e arranca o motor, "Eu acho que podemos lavar o camião agora. Há um lugar adequado não muito longe daqui."

Em cinco minutos chegam à costa.

"Queres lavar o camião aqui?" pergunta Mike surpreendido.

"Sim é um lugar agradável, não é?" diz José.

"E onde é que arranjamos um balde?" pergunta Mike.

"Não precisamos de balde. Eu conduzo até bem próximo do oceano. Tiramos a água do oceano," José diz e conduz até bem próximo do oceano.

As rodas da frente entram na água e as ondas passam por cima delas.

"Vamos sair e começar a lavar," disse Mike.

"Espera um minuto. Vou conduzir um pouco mais perto," José diz e conduz um ou dois metros mais, "Agora está melhor."

Então vem uma onda maior a água levanta o camião levanta o camião um bocadinho e leva-o lentamente mar adentro.

"Pára! José pára o camião!" grita o Mike, "Ja estamos dentro de água! Por favor, pára!"

"Não dá para parar!!" José grita pisando nos travois com toda a sua força, "Eu não consigo pará-lo!!"

O camião flutua lentamente mar adentro balançando nas ondas como um barco pequeno.

(continua)

José drives the truck carefully through the loading yard. They go past the first loading door, past the second loading door, past the third, past the fourth, past the fifth, past the sixth, past the seventh, past the eighth, then past the ninth loading door. José drives to the tenth loading door and stops.

"We must check the loading list first," Mike says who already has some experience with loading lists at this transport firm. He goes to the loader who works at the door and gives him the loading list. The loader loads quickly five boxes into their truck. Mike checks the boxes carefully. All numbers on the boxes have numbers from the loading list.

"Numbers are correct. We can go now," Mike says.

"Okay," José says and starts the engine, "I think we can wash the truck now. There is a suitable place not far from here."

In five minutes they arrive to the seashore.

"Do you want to wash the truck here?" Mike asks in surprise.

"Yeah! It is a nice place, isn't it?" José says.

"And where will we take a pail?" Mike asks.

"We do not need any pail. I will drive very close to the sea. We will take the water from the sea," José says and drives very close to the water. The front wheels go in the water and the waves run over them.

"Let's get out and begin washing," Mike says.

"Wait a minute. I will drive a bit closer," José says and drives one or two meters further, "It is better now."

Then a bigger wave comes and the water lifts the truck a little and carries it slowly further into the sea.

"Stop! José, stop the truck!" Mike cries, "We are in the water already! Please, stop!"

"It will not stop!!" José cries stepping on the brake with all his strength, "I cannot stop it!!"

The truck slowly floats further in the sea pitching on the waves like a little ship.

(to be continued)

20

José e Mike lavam o camião (parte 2)
José and Mike wash the truck (part2)

A

Palavras

1. aciidente - accident
2. alimentar - to feed
3. amanhã - tomorrow
4. assassino - killer
5. atrás - ago;
6. há um ano atrás - a year ago
7. azeite - oil
8. baleia - whale,
9. baleia assassina - killer whale
10. ceremónia - ceremony
11. constante - constant
12. contentor - tanker
13. controlo/controle - control
14. costa - shore
15. despedir - to fire
16. dinheiro - money
17. direito/a - right
18. dirigir/conduzir - to steer
19. discurso - speech

20. divertir-se/ apreciar - enjoy
21. engolir - to swallow
22. era /estava - were
23. esquerda - left
24. exemplo - example;
25. por exemplo - for example
26. fluir - to flow
27. flutuando - floating
28. fotografar - to photograph;
29. fotógrafo - photographer
30. informar - to inform
31. jornalista - journalist
32. libertar - to set free
33. limpeza - cleaned
34. maravilloso/maravillosa - wonderful
35. nadar - to swim
36. nunca - never
37. ocorrer/acontecer - to happen,

38.	ocorreu/aconteceu - happened	46.	reabilitação - rehabilitation
39.	para/por - for	47.	reabilitar - to rehabilitate
40.	pássaro - bird	48.	rir-se - to laugh
41.	poluir - to pollute	49.	salvar - to rescue
42.	Grande Poluição - Gran Polución	50.	situação - situation
43.	procura-se - wanted	51.	unidade de resgate - rescue service
44.	que - which	52.	vento - wind
45.	querido- dear	53.	vinte e cinco - twenty-five

B

José e Mike lavam o camião
(parte 2)

O camião flutua lentamente mar adentro, balançando-se nas ondas como um barco. José dirige para a esquerda e para a direita pisando no travão e acelerador. Mas ele não consegue controlar o camião. Um vento forte empurra-o ao longo da costa. José e Mike não sabem o que fazer. Eles sentam-se e olham pelas janelas. A água começa a entrar dentro.
"Vamos sair para fora e sentamos no telhado," disse Mike.
Eles sentam-se no telhado.
"O que dirá o Sr Martins, pergunto eu?" diz Mike.
O camião flutua lentamente cerca de vinte metros além da costa. Algumas pessoas na costa param e olham para o camião em surpresa.
"O Sr. Martins pode nos despedir," responde José.

Entretanto o chefe do colégio Sr. Gonçalves entra no seu escritório. A secretária entra e diz-lhe que vai haver uma cerimónia hoje. Eles libertarão dois pássaros marinhos após a sua reabilitação. Os trabalhadores do Centro de Reabilitação limpara-lhes o óleo, após o acidente com o contentor Grán Pollucion. O acidente aconteceu há um mês atrás. Sr. Gonçalves tem de ir lá fazer um discurso. A cerimónia começa em vinte e cinco minutos.
O Sr. Gonçalves e a sua secretária apanham um táxi e em dez minutos chegam ao local da cerimónia. Os dois pássaros já lá se encontram. Agora não estão tão limpas como habitualmente. Mas agora conseguem nadar e voar. Há lá agora

José and Mike wash the truck
(part 2)

The truck floats slowly further in the sea pitching on the waves like a little ship. José steers to the left and to the right stepping on the brake and gas. But he cannot control the truck. A strong wind pushes it along the seashore. José and Mike do not know what to do. They just sit and look out of the windows. The sea water begins to run inside.
"Let's go out and sit on the roof," Mike says.
They sit on the roof.
"What will Mr. Martínez say, I wonder?" Mike says.
The truck floats slowly about twenty meters away from the shore. Some people on the shore stop and look at it in surprise.
"Mr. Martínez may fire us," José answers.

Meanwhile the head of the college Mr. Gonçalves comes to his office. The secretary says to him that there will be a ceremony today. They will set free two sea birds after rehabilitation. Workers of the rehabilitation centre cleaned oil off them after the accident with the tanker Gran Pollución. The accident happened one month ago. Mr. Gonçalves must make a speech there. The ceremony begins in twenty-five minutes.
Mr. Gonçalves and his secretary take a taxi and in ten minutes arrive to the place of the ceremony. These two birds are already there. Now they are not so white as usually. But

muitas pessoas, jornalistas e fotógrafos. Em dois minutos a cerimónia começa. O Sr. Gonçalves começa o seu discurso.

"Queridos amigos!" ele diz, "O acidente com o contentor Grande Poluição aconteceu neste local há um mês atrás. Agora nós temos de rehabilitar muitos pássaros e animais. Isso custa muito dinheiro. Por exemplo a reabilitação de cada um destes pássaros custa 5,000 euros! E eu estou muito feliz de informá-los que agora apòs um mês de reabilitação estes dois pássaros maravilhosos serão libertados."

Dois homens pegam na caixa com os pássaros trazem-na para a agua e abrem-na. Os pássaros saem da Caixa saltam para a agua e nadam. Os fotógrafos tiram fotografias. Os jornalistas fazem perguntas aos trabalhadores do Centro de Reabilitação sobre os animais.

De repente uma grande baleia assassina vem ao de cima, rápidamente engole os dois pássaros e submerge outra vez. Todas as pessoas olham para o local onde os pássaros estavam antes. O chefe do colégio não quer acreditar nos seus olhos. A baleia assassina vem outra vez ao de cima procurando mais pássaros. Como não há mais pássaros ela submerge outra vez. O Sr. Gonçalves agora tem de terminar o seu discurso.

"Ah….," ele escolhe palavras adequadas, "O maravilhoso constante fluxo da vida nunca pára. Os animais maoires comem os animais mais pequenos e por ai fora… ah… o que é aquilo?" ele diz olhando para a agua. Todas as pessoas olham para lá e veêm um grande camião flutuando ao longo da costa balançando-se nas ondas como um barco. Dois rapazes sentados em cima olhando para o local da cerimónia.

"Olá Sr. Gonçalves," diz Mike, "Porque é que está a alimentar as baleias assassinas com os pássaros?"

"Olá Mike," responde o Sr. Gonçalves, "Que fazem ai rapazes?"

"Nós queríamos lavar o camião," responde José.

"Vejo," disse Sr. Gonçalves. Algumas pessoas começaram a divertir-se com situação. Elas começarama a rir-se.

"Bem, eu vou chamar o unidade de resgate agora. Eles tiram-vos da água. E eu quero ver-vos no meu escritorio amanhã, " diz o chefe do colégio e

they can swim and fly again now. There are many people, journalists, photographers there now. In two minutes the ceremony begins. Mr. Gonçalves begins his speech.

"Dear friends!" he says, "The accident with the tanker Gran Poluciôn happened at this place a month ago. We must rehabilitate many birds and animals now. It costs a lot of money. For example the rehabilitation of each of these birds costs 5,000 euro! And I am glad to inform you now that after one month of rehabilitation these two wonderful birds will be set free."

Two men take a box with the birds, bring it to the water and open it. The birds go out of the box and then jump in the water and swim. The photographers take pictures. The journalists ask workers of the rehabilitation centre about the animals.

Suddenly a big killer whale comes up, quickly swallows those two birds and goes down again. All the people look at the place where the birds were before. The head of the college does not believe his eyes. The killer whale comes up again looking for more birds. As there are no other birds there, it goes down again. Mr. Gonçalves must finish his speech now.

"Ah...," he chooses suitable words, "The wonderful constant flow of life never stops. Bigger animals eat smaller animals and so on... ah... what is that?" he says looking at the water. All the people look there and see a big truck floating along the shore pitching on the waves like a ship. Two guys sit on it looking at the place of the ceremony.

"Hello Mr. Gonçalves," Mike says, "Why do you feed killer whales with birds?"

"Hello Mike," Mr. Gonçalves answers, "What do you do there boys?"

"We wanted to wash the truck," José answers.

"I see," Mr. Gonçalves says. Some of the people begin to enjoy this situation. They begin to laugh.

"Well, I will call the rescue service now. They will get you out of the water. And I want to see you in my office tomorrow," the

chama o unidade de resgate.

head of the college says and calls the rescue service.

21

Uma lição
A lesson

A

Palavras

1. ainda - still
2. alargar - to loose
3. areia - sand
4. atenção - attention
5. classe - class
6. coisa - thing
7. cuidar/tomar conta - to care
8. em vez de - instead
9. entornar - to pour
10. entre- between
11. estas coisas - this stuff
12. exame - test
13. felicidade - happiness
14. gastar - to spend
15. importante - important
16. jarro - jar
17. ligeiramente - slightly
18. mais - else
19. medico - medical

20. meninos - children
21. menos - less
22. namorada - girlfriend
23. namorado - boyfriend
24. pais - parents
25. pequeno - small
26. permanecer - to remain
27. poderia - would (conditional)
28. Eu poderia ler se… - I would read if…
29. que - which
30. realmente - really
31. rock/pedra - stone
32. saude - health
33. sem - without
34. sempre - always
35. televisão - television
36. vazio - empty

B

Uma lição

O director da Universidade esta de pé em frente à classe. Há algumas caixas e outras coisas na mesa a sua frente. Quando a lição começa ele pega num grande jarro vazio e sem palavras enche-o de pedras grandes.

"Vocês pensam que o jarro está cheio?" o Sr Gonçalves pergunta aos estudantes.

"Sim, está," dizem os estudantes.

Então ele pega numa caixa pedras pequeninas e entorna-as no jarro. Ele sacode o jarro o jarro ligeiramente. As pedras pequeninas, claro, preenchem o espaço entre as pedras grandes.

"O que é que pensam agora? O jarro já está cheio, não é?" pergunta novamente o Sr. Gonçalves.

"Sim, está. Agora está cheio," voltam a estar todos de acordo. Eles começaram a divertir-se com esta lição. Eles começaram a rir-se.

Então o Sr. Gonçalves pega numa Caixa de areia e entorna-a no jarro. Claro, a areia preenche o restante espaço.

"Agora quero que pensem neste jarro como a vida de um homem. As pedras pequenas são as coisas importantes - sua familia, sua namorada, namorado, sua saude, seus filhos, seus pais - coisas que se se perder tudo e só eles permanecerem a sua vida ainda será cheia. As pedras pequeñas são as coisas menos importantes. São coisas como sua casa, seu trabalho, seu carro. A areia é tudo o resto - pequenas coisas. Se puseres areia no jarro primeiro, não haverá espaço para pedras pequenas ou grandes. O mesmo se pode dizer da vida. Se gastares todo o teu tempo e energia nas coisas pequenas, nunca terás tempo para as coisas que são importantes para ti. Presta atenção às coisas que são as mais importantes para a tua felicidade. Brinca com os teus filhos ou pais. Tira tempo para fazer exames médicos. Leva o teu namorado ou tua namorada ao café. Haverá sempre tempo para ir trabalhar, limpar a casa e ver televisão," disse o Sr. Gonçalves, "Tomem conta das pedras grandes primeiro - as coisas que

A lesson

The head of the college stands before the class. There are some boxes and other things on the table before him. When the lesson begins he takes a big empty jar and without a word fills it up with big stones.

"Do you think the jar is already full?" Mr. Gonçalves asks students.

"Yes, it is," agree students.

Then he takes a box with very small stones and pours them into the jar. He shakes the jar slightly. The little stones, of course, fill up the room between the big stones.

"What do you think now? The jar is already full, isn't it?" Mr. Gonçalves asks them again.

"Yes, it is. It is full now," the students agree again. They begin to enjoy this lesson. They begin to laugh.

Then Mr. Gonçalves takes a box of sand and pours it into the jar. Of course, the sand fills up all the other room.

"Now I want that you think about this jar like a man's life. The big stones are important things - your family, your girlfriend and boyfriend, your health, your children, your parents - things that if you loose everything and only they remain, your life still will be full. Little stones are other things which are less important. They are things like your house, your job, your car. Sand is everything else - small stuff. If you put sand in the jar at first, there will be no room for little or big stones. The same goes for life. If you spend all of your time and energy on the small stuff, you will never have room for things that are important to you. Pay attention to things that are most important to your happiness. Play with your children or parents. Take time to get medical tests. Take your girlfriend or boyfriend to a café. There will be always time to go to work, clean the house and watch television," Mr. Gonçalves says, "Take care of the big stones first - things that are

são realmente importantes. Tudo o resto é areia," ele olha para os estudantes, "Agora, Mike e José, o que é importante para vocês - lavar um camião ou a vossa vida? Vocês flutuaram num camião num oceano cheio de baleias assassinas como num barco só porque queriam lavar o camião. Acharam que não havia outra maneira de o lavar?"

"Não, não achámos," dice José.

"Em vez disso podiam tê-lo lavado numa lavagem automática, não podiam?" disse o Sr. Gonçalves.

"Sim, podiamos," dizem os estudantes.

"Vocês devem sempre pensar antes de fazer alguma coisa. Têm sempre de tomar contar das pedras grandes, certo?"

"Sim, temos," respondem os estudantes.

really important. Everything else is just sand," he looks at the students, "Now Mike and José, what is more important to you - washing a truck or your lives? You float on a truck in the sea full of killer whales like on a ship just because you wanted to wash the truck. Do you think there is no other way to wash it?"

"No, we do not think so," José says.

"You can wash a truck in a washing station instead, can't you?" says Mr. Gonçalves.

"Yes, we can," say the students.

"You must always think before you do something. You must always take care of the big stones, right?"

"Yes, we must," answer the students.

22

Kazuki trabalha numa editora
Kazuki works at a publishing house

A

Palavras

1. a dormir - sleeping
2. a jogar - playing
3. ao ar livre - outdoors
4. atendedor de chamadas - answering machine
5. bip - beep
6. caminhando - walking
7. chamar - to call
8. chuva - rain
9. cliente - customer
10. companhia - company
11. compor - to compose
12. composição - composition
13. conversar - to talk
14. coordenação - co-ordination
15. creativo - creative
16. desenvolver - to develop
17. diferente - different
18. difícil - difficult
19. durante - during
20. em frente- in front
21. engraçado/a - funny
22. escadas - stairs
23. escuro - dark
24. especialmente - especially
25. etc - etc.
26. frio (adj) - cold (adj)
27. frieza - coldness
28. futuro - future
29. gravar - to record
30. gravar pensamentos - thought-recording
31.
32. habilidades - skill
33. historia - story
34. humano - human,
35. ser-humano (adj) - human (adj)
36. já que, como - since, as
37. jornal - newspaper

38. mundo - world
39. nada - nothing
40. nariz - nose
41. ninguém- nobody
42. obter - to get
43. olá - hi
44. pelo menos - at least
45. possivel - possible
46. produzir - to produce
47. profissão - profession
48. pronto - ready

49. quantas vezes forem possiveis - as often as possible
50. recusar - to refuse
51. regra - rule
52. revista - magazine
53. significar - to mean
54. texto - text
55. trinta - thirty
56. triste - sad
57. vender - to sell

B

Kazuki trabalha numa editora

Kazuki trabalha como jovem ajudante na editora Ao Redor. Ele faz trabalho de redação.
"Kazuki, o nome da nossa empresa é Ao Redor," diz o chefe da empresa Sr. Carrilho, "E isso significa que podemos fazer qualquer composição de texto e projecto de design para qualquer cliente. Temos muitas encomendas para o jornal, revistas e outros clientes. Todas as ordens são diferentes mas não recusamos nenhum."
Kazuki gosta muito deste trabalho porque ele pode desenvolver as suas habilidades creativas. Ele aprecia o trabalho creativo tal como escrever composições e design. Já que ele estuda design na universidade é um trabalho adequado para a sua futura profissão.
O Sr. Carrilho tem algumas tarefas para ele hoje.
"Temos algumas encomendas. Tu podes fazer duas delas," diz o Sr. Carrilho, "A primeira encomenda é de uma companhia de telefone. Eles fabricam telefones com atendedor de chamadas. Eles precisam de alguns textos engraçados para atendedores de chamadas. Nada vende melhor que coisas engraçadas. Compõe quatro ou cinco textos, por favor."
"Qual o tamanho que devem ser?" pergunta Kazuki.
"Podem ser de cinco a trinta palavras," responde o Sr. Carrilho, "E a segunda encomenda é de uma revista "Mundo Verde". Esta revista escreve sobre animais, pássaros, peixes etc. Eles precisam de um

Kazuki works at a publishing house

Kazuki works as a young helper at the publishing house All-round. He does writing work.
"Kazuki, our firm's name is All-round," the head of the firm Mr. Carrilho says, "And this means we can do any text composition and design work for any customer. We get many orders from newspapers, magazines and from other customers. All of the orders are different but we never refuse any."
Kazuki likes this job a lot because he can develop creative skills. He enjoys creative works like writing compositions and design. Since he studies design at college it is a very suitable job for his future profession.
Mr. Carrilho has some new tasks for him today.
"We have some orders. You can do two of them," Mr. Carrilho says, "The first order is from a telephone company. They produce telephones with answering machines. They need some funny texts for answering machines. Nothing sells better than funny things. Compose four or five texts, please."
"How long must they be?" Kazuki asks.
"They can be from five to thirty words," Mr. Carrilho answers, "And the second

texto sobre qualquer animal doméstico. Pode ser engraçado ou triste, ou simplesmente uma história sobre o teu próprio animal. Tens um animal?"

"Sim, tenho um. Tenho um gato. Seu nome é Favorito," diz Kazuki, "E penso que posso escrever uma história sobre as suas habilidades. Quando é que tem de estar pronto?"

"Estas encomendas têm de estar prontas até à amanhã de manhã," responde o Sr. Carrilho.

"Está bem. Posso começar agora?" pergunta Kazuki.

"Sim, Kazuki," diz o Sr. Carrilho.

Kazuki traz esses textos no dia seguinte. Ele tem cincos textos para o atendedor de chamadas. O Sr. Carrilho lê-os:

1. "Olá. Agora diz tu algo."
2. "Olá. Eu sou um atendedor de chamadas. E tu o que és?
3. "Olá. Não está ninguém em casa agora mas o meu atendedor de chamadas está. Por isso podes falar com ele em vez de mim. Espere pelo sinal."
4. "Isto não é um atendedor de chamadas. Isto é uma máquina de gravar memórias. Após o sinal, pense no seu nome, a razão porque ligou e o numero para o qual deverei ligá-lo de volta. E eu vou pensar se lhe ligo de volta."
5. "Fale depois do sinal! Tem o direito de se manter calado. Eu vou gravar e usar tudo o que você disser."

"Não está mal. E o dos animais?" pergunta o Sr. Carrilho. Kazuki dá-lhe outra folha de papel. O Sr. Carrilho lê:

Algumas regras para gatos

Andar:
Tantas vezes quantas possiveis, correr rápidamente e o mais perto possivel em frente dos humanos, especialmente: nas escadas, quando eles têm algo nas mãos, no escuro e quando se levantam da cama de manhã. Isto treina a sua coordinação.

Na cama:
Durma sempre sobre um humano à noite. Para que ele ou ela não se possam virar na cama. Tente deitar-se sobre a cara dele ou dela. Certifique-se que a sua cauda esteja precisamente no seu nariz.

A dormir:
Para ter muita energia para brincar, um gato precisa

order is from the magazine "Green world". This magazine writes about animals, birds, fish etc. They need a text about any home animal. It can be funny or sad, or just a story about your own animal. Do you have an animal?"

"Yes, I do. I have a cat. Its name is Favorite," Kazuki answers, "And I think I can write a story about its tricks. When must it be ready?"

"These two orders must be ready by tomorrow," Mr. Carrilho answers.

"Okay. May I begin now?" Kazuki asks.

"Yes, Kazuki," Mr. Carrilho says.

Kazuki brings those texts the next day. He has five texts for the answering machines. Mr. Carrilho reads them:

1. "Hi. Now you say something."
2. "Hello. I am an answering machine. And what are you?"
3. "Hi. Nobody is at home now but my answering machine is. So you can talk to it instead of me. Wait for the beep."
4. "This is not an answering machine. This is a thought-recording machine. After the beep, think about your name, your reason for calling and a number which I can call you back. And I will think about calling you back."
5. "Speak after the beep! You have the right to be silent. I will record and use everything you say."

"It is not bad. And what about animals?" Mr. Carrilho asks. Kazuki gives him another sheet of paper. Mr. Carrilho reads:

Some rules for cats

Walking:
As often as possible, run quickly and as close as possible in front of a human, especially: on stairs, when they have something on their hands, in the dark, and when they get up in the morning. This will train their co-ordination.

In bed:
Always sleep on a human at night. So he or

de dormir muito (pelo menos 16 horas por dia). Não é difícil encontrar um local adequado para dormir. Qualquer lugar onde um humano goste de sentar é bom. Há lugares bons ao ar livre também. Mas não podem usá-los quando chove ou quando está frio. Em vez disso pode utilizar as janelas abertas.

Sr. Carrilho ri-se.

"Bom trabalho, Kazuki! Eu penso que a revista "Mundo Verde" vai gostar da tua composição," diz ele.

she cannot turn in the bed. Try to lie on his or her face. Make sure that your tail is right on their nose.

Sleeping:

To have a lot of energy for playing, a cat must sleep a lot (at least 16 hours per day). It is not difficult to find a suitable place to sleep. Any place where a human likes to sit is good. There are good places outdoors too. But you cannot use them when it rains or when it is cold. You can use open windows instead.

Mr. Carrilho laughs.

"Good work, Kazuki! I think the magazine "Green world" will like your composition," he says.

23

Regras para gatos
Cat rules

A

Palavras

1.	ainda que - although	23.	ler - reading
2.	algo/alguma coisa - something	24.	mistério - mystery
3.	algumas vezes, - sometimes	25.	morder - to bite
4.	amor - love,	26.	mosquito - mosquito
5.	amar - to love	27.	obter, - to get
6.	beijar - to kiss	28.	passo - step,
7.	comida - meal	29.	pisar - to step
8.	conseguir, - manage	30.	pensar - thinking
9.	convidado - guest	31.	perna - leg
10.	cozinhar - cooking	32.	planeta - planet
11.	criança - child	33.	possibilidade, oportunidade - chance
12.	detrás - behind	34.	poucos - few
13.	diversão - fun	35.	prato - plate
14.	entrar em panico - to panic	36.	roubar - to steal
15.	escola- school	37.	saboroso,gostoso - tasty
16.	esconder - to hide	38.	sanitário, - toilet
17.	escondidas - hide-n-seek	39.	secredo - secret
18.	esfregar - to rub	40.	teclado - keyboard
19.	esquecer - to forget	41.	tempo - weather
20.	estação - season	42.	total - total
21.	fingir, - to pretend	43.	trabalhos de casa - homework
22.	fugiu - ran away		

Regras para gatos

Cat rules

"A revista "Mundo Verde" fez um novo pedido," o Sr. Carrilho diz a Kazuki no dia seguinte, "E este pedido é para ti, Kazuki. Eles gostaram da tua composição e querem um texto maior sobre "Regras para gatos".
A Kazuki levou dois dias para compor este texto. Aqui está.

"The magazine "Green world" places a new order," Mr. Carrilho says to Kazuki next day, "And this order is for you, Kazuki. They like your composition and they want a bigger text about "Cat rules".
It takes Kazuki two days to compose this text. Here it is.

Algumas regras secretas para os gatos
Ainda que gatos sejam o melhor e o mais maravilhoso dos animais no planeta, eles às vezes fazem coisas estranhas. Um dos humanos conseguiu roubar alguns segredos dos gatos. Existem algumas regras na vida de forma a dominar o mundo! Mas como estas regras ajudarão os gatos é um total mistério aos seres humanos.
Casas de banho:
Sempre vá com os convidados à casa de banho. Não precisa de fazer nada. Apenas sente, olhe e as vezes esfregues nas suas pernas.
Portas:
Todas as portas devem estar abertas. Para abrir as portas basta olhar para os humanos com um olhar triste. Quando eles abrirem a porta, não precisa de passar por elas. Depois de abrir a porta desta forma, fique ao pé da porta e pense em qualquer coisa. Isto é especialmente importante quando o tempo está muito frio ou quando está um dia de chuva, ou quando é a época dos mosquitos.
Cozinha:
Sente-se sempre por trás do pé direito dos humanos que cozinham. Assim eles não o veêm e há melhores chances de ser pisado em cima. Quando isso acontecer, eles pegam-no ao colo e dar-lhe-ão qualquer coisa boa para comer.
Lendo livros:
Tente ficar perto da cara do humano que lê, entre os olhos e o livro. O melhor é deitar-se no livro.
Trabalhos de casa:
Deite-se nos livros e finja que está a dormir. Mas de vez em quando salte para a caneta. Morda se a criança tentar tirar-lhe da mesa.

Some secret rules for cats
Although cats are the best and the most wonderful animals on this planet, they sometimes do very strange things. One of the humans managed to steal some cat secrets. They are some rules of life in order to take over the world! But how these rules will help cats is still a total mystery to the humans.
Bathrooms:
Always go with guests to the bathroom and to the toilet. You do not need to do anything. Just sit, look and sometimes rub their legs.
Doors:
All doors must be open. To get a door opened, stand looking sad at humans. When they open a door, you need not go through it. After you open in this way the outside door, stand in the door and think about something. This is especially important when the weather is very cold, or when it is a rainy day, or when it is the mosquito season.
Cooking:
Always sit just behind the right foot of cooking humans. So they cannot see you and you have a better chance that a human steps on you. When it happens, they take you in their hands and give something tasty to eat.
Reading books:
Try to get closer to the face of a reading human, between eyes and the book. The best is to lie on the book.
Children's school homework:
Lie on books and copy-books and pretend to sleep. But from time to time jump on the pen. Bite if a child tries to take you away from the

Computador:
Se um humano estiver a trabalhar no computador, salte para a secretaria e ande sobre o teclado.

Comida:
Os gatos precisam de comer muito. Mas comer é apenas metade do divertimento. A outra metade é obter a comida. Quandos os humanos comem, ponha a sua cauda no seu prato quando eles não estejam a olhar. Isso melhora as chances de obter um melhor prato de comida. Nunca coma do seu próprio prato se conseguir tirar alguma comida da mesa. Nunca beba da sua própria agua se conseguir beber algum do copo do humano.

Esconder-se:
Esconda-se em lugares onde os humanos não o encontrem por varios dias. Isto faz com que else entrem em panico (o que eles adoram) pensando que fugiu. Quando sair das escondidas, os humanos o beijarão e mostrarão o seu amor. E pode recber algo gostoso.

Humanos:
A tarefa dos humanos é dar-nos de comer, brincar connosco, e limpar a nossa caixa. É muito importante que eles não se esqueçam quem é o chefe da casa.

table.
Computer:
If a human works with a computer, jump up on the desk and walk over the keyboard.
Food:
Cats need to eat a lot. But eating is only half of the fun. The other half is getting the food. When humans eat, put your tail in their plate when they do not look. It will give you a better chance to get a full plate of food. Never eat from your own plate if you can take some food from the table. Never drink from your own water plate if you can drink from a human's cup.
Hiding:
Hide in places where humans cannot find you for a few days. This will make humans panic (which they love) thinking that you ran away. When you come out of the hiding place, the humans will kiss you and show their love. And
you may get something tasty.
Humans:
Tasks of humans are to feed us, to play with us, and to clean our box. It is important that they do not forget who the head of the house is.

24

Trabalho de equipa
Team work

A

Palavras

1. acabado - finished
2. amado - loved
3. apontar - pointed
4. até - until
5. bilhão - billion
6. cair - to fall, caído - fell
7. Capitão - captain
8. central - central
9. colega - colleague
10. começou - began
11. conheci - knew
12. continuar - to continue;
13. continuou - continued
14. contra - against
15. curto/a - short
16. dançar - to dance; dancei - danced
    - a dançar - dancing
17. destrói - destroy
18. disse - said
19. em breve - soon
20. ensinar - to teach
21. espaço - space
22. extraterrestre - alien
23. flor - flower
24. guerra - war
25. informado - informed
26. jardim - garden
27. laser - laser
28. ligar - switched on
29. lindo/a - beautiful
30. mil - thousand
31. morrer - to die, merto - died
32. morto - killed
33. movido - moved
34. nave espacial - spaceship
35. olhou - looked
36. ouvido - heard
37. parou - stopped

38.	radar - radar	46.	sorriu - smiled
39.	rádio - radio	47.	televisão - TV-set
40.	recordado - remembered	48.	Terra - Earth
41.	resto - turning	49.	teve- had
42.	sacudiu - shook	50.	tomar parte - to take part
43.	sair embora - flew away	51.	trabalhando - working
44.	saiu - went away	52.	um ou outro - either
45.	serial - serial	53.	veio - came

 B

Trabalho de equipa

José quer ser jornalista. Ele estuda na universidade. Hoje ele tem uma aula de composição. O Sr. Gonçalves ensina-os como escrever uma composição.

"Queridos amigos," disse ele, "Muitos de vocês irão trabalhar para editoras, jornais ou revistas, a rádio ou televisão. Isto quer dizer que irão trabalhar numa equipa. Trabalhar numa equipa não é fácil. Agora quero que vocês façam uma composição jornalistica de equipa. Preciso de um rapaz e uma rapariga."

Muitos alunos querem fazer parte desta equipa O Sr. Gonçalves escolhe José e Carol. Carol e do Estados Unidos mas ela sabe falar portugués muito bem.

"Por favor, sentem-se nesta mesa. Agora são colegas," diz-lhes o Sr. Gonçalves, "Vocês irão escrever uma pequena composição e têm de dá-lo ao vosso colega. O vosso colega irá ler a composição e continuá-la. Depois o vosso colega devolve-a e o primeiro lê a composição e continua. E por ai a fora até o tempo acabar. Eu dou-vos vinte minutos."

O Sr. Gonçalves dá-lhes o papel e Carol começa. Ela pensa um pouco e depois escreve.

Composição em equipa

Carol: Julia olhou atraves da janela. As flores no seu jardim movem-se ao vento como que a dançar. Ela lembrou-se daquele fim de tarde quando ela dançou com o Billy. Foi quase há um ano atrás mas ela lembra-se de tudo - os seus olhos azuis, o seu sorriso e a sua voz. Foi um tempo feliz para ela mas agora acabou. Porque

Team work

José wants to be a journalist. He studies at a college. He has a composition lesson today. Mr. Gonçalves teaches students to write composition.

"Dear friends," he says, "some of you will work for publishing houses, newspapers or magazines, the radio or television. This means you will work in a team. Working in a team is not simple. Now I want that you try to make a journalistic composition in a team. I need a boy and a girl."

Many students want to take part in the team work. Mr. Gonçalves chooses José and Carol. Carol is from the USA but she can speak Portuguese very well.

"Please, sit at this table. Now you are colleagues," Mr. Gonçalves says to them, "You will write a short composition. Either of you will begin the composition and then give it to your colleague. Your colleague will read the composition and continue it. Then your colleague will give it back and the first one will read and continue it. And so on until your time is over. I give you twenty minutes."

Mr. Gonçalves gives them paper and Carol begins. She thinks a little and then writes.

Team composition

Carol: Julia looked through the window. The flowers in her garden moved in the wind as if dancing. She remembered that evening when she danced with Billy. It was a year ago but she remembered everything - his blue eyes, his smile and his voice. It was a happy time

87

ele não estava com ela?

José: Nesse momento Capitão espacial Billy Brisk estava na sua nave espacial Estrela Branca. Ele tinha uma tarefa importante e não tinha tempo para pensar naquela rapariga tola com quem ele dançou há um ano atrás. Ele rápidamente apontou os lasers da Estrela Branca ás naves espaciais dos extraterrestres. Então ele ligou a rádio e falou com os extraterrestres: "Dou-vos uma hora para se renderem. Se em uma hora vocês não se renderem eu irei destruir-vos." Mas antes que ele acabasse, um laser dos extraterrestres atingiu o motor esquerdo da Estrela Branca. Os laseres do Billy começaram a atingir as naves extraterrestres e ao mesmo tempo ele ligou os motores centrais e direitos. O laser extraterrestre destruiu o motor direito e a Estrela Branca tremeu violentamente. Billy caiu no chão pensando durante a queda qual das naves extraterrestre ele deve destruir primeiro.

Carol: Mas ele bateu com a cabeça no chão de metal e morreu nesse instante. Mas antes de morrer ele lembrou-se da pobre linda rapariga que o amou e ele ficou muito arrependido por se ter ido embora. Em breve as pessoas pararam com a guerra tola contra os pobres extraterrestres. Destruiram todas as naves espaciais, e laseres e informaram os extraterrestres que nunca mais iriam começar uma guerra contra eles. As pessoas disseram que queriam ser amigos com os extraterrestres. Julia ficou muito contente quando ouviu. Depois ligou a televisão e continuou a ver a maravilhosa série portuguesa.

José: Porque as pessoas destruiram os seus radares e laseres, ninguém deu conta que as naves espaciais dos extras terrestres vieram até bem perto da Terra. Mil raios de laser dos extraterrestres atingem a terra e matam a pobre Julia e cinco bilhões de pessoas num segundo. A terra estava destruida e as suas partes voaram pelo espaço.

"Vejo que vocês acabaram antes de o tempo terminar," sorriu o Sr. Gonçalves, "Bem a aula terminou. Vamos ler e falar sobre esta composição durante a próxima aula."

for her but it was over now. Why was not he with her?

José: At this moment space captain Billy Brisk was at the spaceship White Star. He had an important task and he did not have time to think about that silly girl who he danced with a year ago. He quickly pointed the lasers of White Star at alien spaceships. Then he switched on the radio and talked to the aliens: "I give you an hour to give up. If in one hour you do not give up I will destroy you." But before he finished an alien laser hit the left engine of the White Star. Billy's laser began to hit alien spaceships and at the same time he switched on the central and the right engines. The alien laser destroyed the working right engine and the White Star shook badly. Billy fell on the floor thinking during the fall which of the alien spaceships he must destroy first.

Carol: But he hit his head on the metal floor and died at the same moment. But before he died he remembered the poor beautiful girl who loved him and he was very sorry that he went away from her. Soon people stopped this silly war on poor aliens. They destroyed all of their own spaceships and lasers and informed the aliens that people would never start a war against them again. People said that they wanted to be friends with the aliens. Julia was very glad when she heard about it. Then she switched on the TV-set and continued to watch a wonderful Portuguese serial.

José: Because people destroyed their own radars and lasers, nobody knew that spaceships of aliens came very close to the Earth. Thousands of aliens' lasers hit the Earth and killed poor silly Julia and five billion people in a second. The Earth was destroyed and its turning parts flew away in space.

"I see you came to the finish before your time is over," Mr. Gonçalves smiled, "Well, the lesson is over. Let us read and speak about this team composition during the next lesson."

25

Mike e José estão á procura de um novo trabalho
Mike and José are looking for a new job

A

Palavras

1. agricultor - farmer
2. alemão - German
3. arte - art
4. artista - artist
5. aviso/anuncio - ad
6. cachorro - puppy
7. comida - food
8. consultadoria - consultancy
9. doutor - doctor
10. em voz alta - aloud
11. encontrado - found
12. engenheiro - engineer
13. entretanto - while
14. escritor - writer
15. espaniel - spaniel
16. estimar - to estimate
17. gatinho - kitten
18. habilidades/qualidades - gift
19. idade - age
20. idea - idea
21. lider - leader

22. manhoso - sly
23. mascote/animal de estimação - pet
24. método - method
25. monótono - monotonous
26. natureza - nature
27. pessoal - personal
28. programador - programmer
29. questionario - questionnaire
30. ratazana - rat
31. recomendar - to recommend; recomendação - recommendation
32. rubrica - rubric
33. servir - to serve
34. Smith - Smith
35. sonho/a - dream,
36. sonhar - to dream
37. sujo/a - dirty
38. tradutor - translator
39. veterinario - vet
40. viajar - to travel
41. vizinho - neighbour

Mike e José estão á procura de um novo trabalho

Mike and José are looking for a new job

Mike e José estão em casa de José. José está a limpar a mesa depois do pequeno almoço e Mike está a ler os classificados num jornal. Ele está a ler a secção "Animais". A irmã do José Maria está na sala também. Ela está a tentar apanhar o gato escondido debaixo da cama.

"Há muitos animais de estimação de graça no jornal. Eu acho que vou escolher um gato ou um cão. "José o que é que achas?" Mike pergunta a José.

"Maria, não incomodes o gato!" disse José chateado, "Bem Mike, não é uma má ideia. O teu animal de estimação espera sempre por ti em casa e sempre fica feliz quando voltas a casa e dás-lhe comida. E não te esqueças que tens que levar o teu animal de estimação a caminhar de manhã e à noite e limpar a sua caixa. Ás vezes terás de limpar o chão e levá-lo ao veterinário. Por isso pensa com cuidado antes de arranjares um animal de estimação."

"Bem há aqui alguns anuncios. Ouve," diz Mike e começa a ler em voz alta:

"Encontrou-se um cão branco sujo, parece uma ratazana. Pode viver lá fora por muito tempo. Dou em troca de dinheiro."

Há aquí mais um:

"Cão alemão, fala alemão. Dá-se gratis. E cachorros meatde Espaniel metado cão manhoso do vizinho,"

Mike olha para José, "Como é que um cão pode falar alemão?"

"Um cão pode perceber alemão. Tu percebes alemão?" pergunta José sorrindo.

"Eu não percebo alemão. Ouve há aquí mais um anuncio:

"Dão-se grátis gatinhos de quinta. Pronto a comer. Eles comem qualquer coisa."

Mike fecha o jornal, " Bem, acho que os animais de estimação podem esperar. É melhor eu procurar um trabalho," ele encontra a secçã de trabalhos e lê em voz alta.

"Está à procura de um trabalho adequado? A

Mike and José are at José's home. José is cleaning the table after breakfast and Mike is reading adverts and ads in a newspaper. He is reading the rubric "Animals". José's sister Mary is in the room too. She is trying to catch the cat hiding under the bed.

"There are so many pets for free in the newspaper. I think I will choose a cat or a dog. José, what do you think?" Mike asks José.

"Mary, do not bother the cat!" José says angrily, "Well Mike, it is not a bad idea. Your pet will always wait for you at home and will be so happy when you come back home and give some food. And do not forget that you will have to walk with your pet in mornings and evenings or clean its box. Sometimes you will have to clean the floor or take your pet to a vet. So think carefully before you get an animal."

"Well, there are some ads here. Listen," Mike says and begins to read aloud:

"Found dirty white dog, looks like a rat. It may live outside for a long time. I will give it away for money."

Here is one more:

"German dog, speaks German. Give away for free. And free puppies half spaniel half sly neighbor's dog,"

Mike looks at José, "How can a dog speak German?"

"A dog may understand German. Can you understand German?" José asks smiling.

"I cannot understand German. Listen, here is one more ad:

"Give away free farm kittens. Ready to eat. They will eat anything,"

Mike turns the newspaper, "Well, I think pets can wait. I will better look for a job," he finds the rubric about jobs and reads aloud,

"Are you looking for a suitable job? The job consultancy "Suitable personnel" can help you. Our consultants will estimate your personal gifts and will give you a recommendation about the most suitable

consultadoria de trabalho "Pessoal Adequado" pode ajudá-lo. Os nossos consultores irão avaliar as suas habilidades pessoais e dar-lhe-ão uma recomendação sobre a profissão adequada."

Mike levanta o olhar e diz: "José que achas?"

"O melhor trabalho para ti é lavar um camião no mar e deixá-lo flutuar," Maria diz e corre rápidamente para fora do quarto.

"Não é uma má ideia. Vamos agora," José responde e tira o gato cuidadosamente fora da chaleira onde a Maria o pôs há um minuto atrás.

Mike e José chegam à consultadoria de trabalho "Pessoal Adequado" nas suas bicicletas. Não há fila, então eles entram. Há duas mulheres lá. Uma delas está a falar ao telefone. A outra está a escrever algo. Ela pede a Mike e José que se sentem. O seu nome é Sra Rodrigues. Ela pergunta-lhes o nome e idade.

"Bem, deixem-me explicar-lhe o método que usamos. Olhem, há cinco tipos de profissões.

1. O primeiro tipo é homem-natureza. Profissões: agricultor, trabalhador zoológico etc.
2. O segundo tipo é homem-máquina. Profissões: piloto, condutor de táxi, condutor de camião etc.
3. O terceiro tipo é homem-homem. Profissões: médico, profesor, jornalista etc.
4. O quarto tipo é homem-computador. Profissões: tradutor, engenheiro, programador etc.
5. O quinto tipo é homem-arte. Profissões: escritor, artista, cantor etc.

Nós recomendamos uma profissão adequada apenas quando soubermos um pouco mais sobre vocês. Primeiro deixem-me avaliar os vossos dotes pessoais. Eu preciso de saber o que gostam e o que não gostam. Depois temos de saber qual o tipo de profissão que mais se adequa a vocês. Por favor, preencham este questionário agora," diz a Sra Rodrigues e entrega-lhes os questionários. José e Mike preenchem os questionários.

profession."

Mike looks up and says: "José what do you think?"

"The best job for you is washing a truck in the sea and let it float," Mary says and quickly runs out of the room.

"It is not a bad idea. Let's go now," José answers and takes carefully the cat out of the kettle, where Mary put the animal a minute ago.

Mike and José arrive to the job consultancy "Suitable personnel" by their bikes. There is no queue, so they go inside. There are two women there. One of them is speaking on the telephone. Another woman is writing something. She asks Mike and José to take seats. Her name is Mrs. Rodrigues. She asks them their names and their age.

"Well, let me explain the method which we use. Look, there are five kinds of professions.
1. The first kind is man - nature. Professions: farmer, zoo worker etc.
2. The second kind is man - machine. Professions: pilot, taxi driver, truck driver etc.
3. The third kind is man - man. Professions: doctor, teacher, journalist etc.
4. The fourth kind is man - computer. Professions: translator, engineer, programmer etc.
5. The fifth kind is man - art. Professions: writer, artist, singer etc.

We give recommendations about a suitable profession only when we learn about you more. First let me estimate your personal gifts. I must know what you like and what you dislike. Then we will know which kind of profession is the most suitable for you. Please, fill up the questionnaire now," Mrs. Rodrigues says and gives them the questionnaires. José and Mike fill up the questionnaires.

	Questionário / Questionnaire Nome: José Peres / Name: *José Peres*	Gosto I like	Não me interessa I do not mind	Odeio I hate
1.	Controle de maquinaria Control machines		√	
2.	Falar com pessoas Speak with people	√		
3.	Servir clientes Serve customers		√	
4.	Conduzir carros, camiões Drive cars, trucks	√		
5.	Trabalhar dentro Work inside	√		
6.	Trabalhar fora Work outside	√		
7.	Memorizar muito Remember a lot		√	
8.	Viajar Travel	√		
9.	Estimar, verificar Estimate, check			√
10.	Trabalho sujo Dirty work		√	
11.	Trabalho monótono Monotonous work			√
12.	Trabalho duro Hard work		√	
13.	Liderar Be a leader		√	
14.	Trabalhar em equipa Work in a team		√	
15.	Sonhar no trabalho Dream while working	√		
16.	Dar formação Train		√	
17.	Trabalho creativo Do creative work	√		
18.	Trabalhar com textos Work with texts	√		

	Questionario / Questionnaire Nome: Mike Smith / Name: *Mike Smith*	Me gusta I like	No me importa I do not mind	Lo odio I hate
1.	Controle de maquinaria		√	

	Control machines				
2.	Falar com pessoas / Speak with people	√			
3.	Servir clientes / Serve customers		√		
4.	Conduzir carros, camiões / Drive cars, trucks		√		
5.	Trabalhar dentro / Work inside	√			
6.	Trabalhar fora / Work outside	√			
7.	Memorizar muito / Remember a lot		√		
8.	Viajar / Travel	√			
9.	Estimar, verificar / Estimate, check		√		
10.	Trabalho sujo / Dirty work		√		
11.	Trabalho monótono / Monotonous work			√	
12.	Trabalho duro / Hard work		√		
13.	Liderar / Be a leader			√	
14.	Trabalhar em equipa / Work in a team	√			
15.	Sonhar no trabalho / Dream while working	√			
16.	Dar formação / Train		√		
17.	Trabalho creativo / Do creative work	√			
18.	Trabalhar com textos / Work with texts	√			

Candidatar-se ao "Noticias Porto"
Applying to "Noticias Porto"

 A

Palavras

1. acompanhar - to accompany
2. adeus - goodbye
3. aprendido sobre - learned about
4. asterisco - asterisk
5. avaliou - estimated
6. campo - field
7. candidatar, aplicar - to apply
8. chegou - arrived
9. criminal - criminal (adj),
10. penal - criminal
11. deu - gave
12. dezassete (horas) - seventeen (hour)
13. editor - editor
14. educação - education
15. em branco, vazio - blank, empty
16. esbelto - slim
17. estato - status,
18. estado civil - family status
19. feminino - female
20. finanças - finance
21. fluentemente - fluently

22. formulario,- form
23. informação- information
24. informar - to report
25. reportér - reporter
26. masculino - male
27. menina - miss
28. nacionalidade - nationality
29. patrulha- patrol
30. perguntou - asked
31. podía - could
32. policia - police
33. recomendado - recommended
34. sair - to leave
35. segundo nome - middle name
36. semana - week
37. sexo - sex
38. Smith - Smith
39. solteiro - single
40. sublinhar - to underline
41. tomou - took
42. trabalhou - worked
43. vinte e um - twenty-one

B

Candidatar-se ao "Noticias Porto"

A Sra. Rodrigues avaliou as respostas do José e do Mike nos questionários. Quando ela se informasse sobre os dotes pessoais deles ela poderia recomendar a profissão adequada. Ela disse que o terceiro tipo de profissão era o mais adequado para eles. Eles podiam trabalhar como médicos, professores ou jornalistas etc. A Sra. Rodrigues recomendou que candidatassem a um emprego na "Noticias Porto". Eles dão part-time a estudantes para comporem relatórios de polícia para a secção criminal. Assim Mike e José chegaram ao departamento de pessoal do jornal "Noticias Porto" e candidataram-se para esse trabalho.

"Nós estivemos na consultadoria de trabalho "Pessoal Adequado" hoje," disse José a Mna. Delgado, que era a chefe do departamento de pessoal, "Eles recomendaram qur nós nos candidatassemos ao seu jornal."

"Bem, Já trabalharam como reporteres antes?" pregunta a Mna. Delgado.

"Não, não trabalhámos," responde José.

"Por favor, preencham este formulario com a vossa informção pessoal," disse a Mna. Delgado e deu-lhes dois formulários. Mike e José preencheran o formulárioro com as informações pessoais.

Applying to "Noticias Porto"

Mrs. Rodrigues estimated José's and Mike's answers in the questionnaires. When she learned about their personal gifts she could give them some recommendations about suitable professions. She said that the third profession kind is the most suitable for them. They could work as a doctor, a teacher or a journalist etc. Mrs. Rodrigues recommended them to apply for a job with the newspaper "Noticias Porto". They gave a part time job to students who could compose police reports for the criminal rubric. So Mike and José arrived at the personnel department of the newspaper "Noticias Porto" and applied for this job.

"We have been to the job consultancy "Suitable personnel" today," José said to Miss Delgado, who was the head of the personnel department, "They have recommended us to apply to your newspaper."

"Well, have you worked as a reporter before?" Miss Delgado asked.

"No, we have not," José answered.

"Please, fill up these personal information forms," Miss Delgado said and gave them two forms. Mike and José filled up the personal information forms.

Formulário de Informação Pessoal *Deve preencher os campos com o asterisco*. Pode deixar os outros campos em branco.*	Personal information form *You must fill up fields with asterisk *. You can leave other fields blank.*
Nome Próprio* First name	José *José*
Segundo Nome Middle name	
Apelido* Last name	Peres *Peres*
Sexo* Sex	(sublinhe) <u>Masculino</u> Feminino *(underline) <u>Male</u> Female*
Idade*	Vinte anos

Age	*Twenty years old*
Nacionalidade* Nationality	*Português* *Portuguese*
Estado Civil Family status	*(sublinhe)* <u>*Solteiro*</u> *Casado* *(underline)* <u>*Single*</u> *Married*
Morada* Address	*Rua da Rainha N 11 Porto* *Rua da Rainha 11, Porto*
Educação Education	*Estudo terceiro ano de Finanças na Universidade* *I study finance in the third year at a college*
Onde trabalhou antes? Where have you worked before?	*Trabalhei dois meses como agricultor* *I worked for two months as a farm worker*
Que experiência e aptidões tem?* What experience and skills have you had?	*Sei conduzir veiculos, e sei usar um computador.* *I can drive a car, a truck and I can use a computer*
Linguas* 0 - não, 10 - fluentemente Languages 0 - no, 10 - fluently	*português - 10, inglês - 8* *Portuguese - 10, English - 8*
Carta de condução* Driving license	*(sublinhe) Não* <u>*Sim*</u> *Tipo: BC, Sei conduzir camiões.* *(underline) No* <u>*Yes*</u> *Kind: BC, I can drive trucks*
Precisa de trabalho * You need a job	*(sublinhe) A tempo inteiro* <u>*Meio-dia: 15 horas por semana*</u> *(underline) Full time* <u>*Part time: 15 hours a week*</u>
Expectativas salariais You want to earn	*15 euros por hora* *15 euro per hour*

Formulário de Informação Pessoal *Deve preencher os campos com o asterisco*. Pode deixar os outros campos em branco.*	**Personal information form** *You must fill up fields with asterisk *. You can leave other fields blank.*
Nome Próprio* First name	*Mike* *Mike*
Segundo Nome Middle name	
Apelido* Last name	*Smith* *Smith*
Sexo* Sex	*(sublinhe)* <u>*Masculino*</u> *Feminino* *(underline)* <u>Male</u> *Female*
Idade* Age	*Vinte e um anos* *Twenty-one years old*
Nacionalidade* Nationality	*Americano* *American*
Estado Civil Family status	*(sublinhe)* <u>*Solteiro*</u> *Casado* *(underline)* <u>Single</u> *Married*
Morada*	*Quarto 218, Dormitório Universitario, Rua da Universidade 5, Porto, Portugal.* *Room 218, student dorms, Rua da Universidade 5,*

Address	*Porto, Portugal.*
Educação	*Estudo no segundo ano Design de computadores na Universidade*
Education	*I study computer design in the second year at a college*
Onde trabalhou antes?	*Trabalhei dois meses como agricultor*
Where have you worked before?	*I worked for two months as a farm worker*
Que experiência e aptidões tem?* tiene?*	*Sei usar um computador*
What experience and skills have you had?	*I can use a computer*
Linguas* 0 - não, 10 - fluentemente	*português - 8, inglês -10*
Languages 0 - no, 10 - fluently	*Portuguese - 8, English - 10,*
Carta de condução*	*(sublinhe)* <u>Não</u> Sim Tipo:
Driving license	(underline) <u>No</u> Yes Kind:
Precisa de trabalho *	*(sublinhe) A tempo inteiro <u>Meio-dia</u>: 15 horas por semana*
You need a job	(underline) Full time <u>Part time</u>: *15 hours a week*
Expectativas salariais	*15 euros por hora*
You want to earn	*15 euro per hour*

A Mna. Delgado levou os formulários e informação pessoal ao editor de "Noticias Porto".
"O editor está de acordo," Disse a Mna. Delgado quando voltou, "Você irão acompanhar a patrulha de polícia e compor os relatórios para a secão criminal. Um carro de polícia virá amanhã às dezassete horas para os levar. Estejam cá a essa hora, está bem?"
"Claro," respondeu Mike.
"Sim, estaremos," disse José, "Adeus."
"Adeus," respondeu a Mna. Delgado.

Miss Delgado took their personal information forms to the editor of "Noticias Porto".
"The editor has agreed," Miss Delgado said when she came back, "You will accompany a police patrol and then compose reports for the criminal rubric. A police car will come tomorrow at seventeen o'clock to take you. Be here at *this time, will you?"*
"Sure," Mike answered.
"Yes, we will," José said, "Goodbye."
"Goodbye," Miss Delgado answered.

27

A patrulha de policia (parte 1)
The police patrol (part 1)

A

Palavras

1. a uivar - howling
2. abriu - opened
3. acompanhou - accompanied
4. alarme - alarm
5. algemas - handcuffs
6. apertar - fasten
7. arma - gun
8. assaltante/ladrão - robber,
9. assalto - robbery
10. assunto, negócio - matter, business
11. cem - hundred
12. chave - key
13. cinto de segurança - seat belts
14. com medo- afraid
15. conduziu - drove
16. conheceu - met
17. correu - rushed
18. demonstrou - showed
19. doze - twelve
20. em volta - around
21. entendeu - understood

22. escondeu - hid
23. esperou - waited
24. fechado - closed
25. fez - did
26. grande - high
27. gritou - cried
28. ladrão - thief, ladrones - thieves
29. ladrou - barked
30. ligou - started (the engine);
31. arrancou - started (to drive)
32. limite - limit
33. maldito- damn
34. microfone - microphone
35. oficial - officer
36. perseguição - pursuit
37. pisou - stepped
38. policia - policeman
39. preço - price
40. sargento - sergeant
41. secar - to dry,
42. seco - dry (adj)

43. sirene - siren	46. velocidade - speed,
44. toda a gente - everybody	47. condutor temerário - speeder,
45. tratou - tried	48. excesso de velocidade - speeding

B

A patrulha de policia (parte 1)

Mike e José chegaram ao edificio do "Noticias Porto" às dezassete horas do dia seguinte. O carro da policía já lá estava à espera deles. Um policía saiu do carro.

"Olá. Eu sou o sargento Francisco Seixas," disse quando José e Mike aproximaram-se do carro.

"Olá. Prazer em conhecê-lo. Meu nome é Mike. Temos de acompanhá-lo," respondeu Mike.

"Olá. Eu sou o José. Estiveram há muito tempo à nossa espera?" Perguntou o José.

"Não. Acabei de chegar aquí. Vamos entrar no carro. Vamos começar a patrulha da cidade agora," disse o policia. Entráram todos no carro da policía.

"É a primeira vez que acompanham uma patrulha de policía?" perguntou sargento Seixas ao ligar o motor.

"Nunca acompanhámos a patrulha da policía antes," respondeu José.

Nesse momento o rádio da policía começou a falar: "Atenção P11 e P07! Está um carro azul a conduzir com excesso de velocidade ao longa da Rua da Universidade."

"P07 reebido," disse o sargento Seixas ao microfone. Depois disse aos rapazes: "O numero do nosso carro é o P07."

Um grande carro azul passou apressado em frente a eles a alta velocidade. Francisco Seixas pegou no microfone outra vez e disse: "P07 a comunicar. Eu vejo o carro azul com excesso de velocidade. Começar perseguição," depois ele disse aos rapazes, "Apertem o cinto de segurança."

O carro da policía arrancou imediatamente. O sargento pisou a fundo no acelerador e ligou a sirene. Eles apressaram-se com as sirenes a uivar pasando edificios, carros e autocarros. Francisco Seixas fexz o carro azul parar. O sargento saiu do carro e foi ter com o condutor. José e Mike foram

The police patrol (part 1)

Mike and José arrived at the building of the newspaper "Noticias Porto" at seventeen o'clock next day. The police car was waiting for them already. A policeman got out of the car.

"Hello. I am sergeant Francisco Seixas," he said when José and Mike came to the car.

"Hello. Glad to meet you. My name is Mike. We must accompany you," Mike answered.

"Hello. I am José. Were you waiting long for us?" José asked.

"No. I have just arrived here. Let us get into the car. We begin city patrolling now," the policeman said. They all got into the police car.

"Are you accompanying a police patrol for the first time?" sergeant Seixas asked starting the engine.

"We have never accompanied a police patrol before," José answered.

At this moment the police radio began to talk: "Attention P11 and P07! A blue car is speeding along Rua da Universidae."

"P07 got it," sergeant Seixas said in the microphone. Then he said to the boys: "The number of our car is P07."

A big blue car rushed past them with very high speed. Francisco Seixas took the mic again and said: "P07 is speaking. I see the speeding blue car. Begin pursuit," then he said to the boys, "Fasten your seat belts."

The police car started quickly. The sergeant stepped on the gas up to the stop and switched on the siren. They rushed with the howling siren past buildings, cars and buses. Francisco Seixas made the blue car stop. Sergeant got out of the car and went to the speeder. José and Mike went after him.

"I am police officer Francisco Seixas. Show

atrás dele.

"Sou o oficial de polícia Francisco Seixas. Mostre-me a sua carta de condução, por favor," disse o polícia ao condutor.

"Aqui está a minha carta de condução," o condutor mostrou a sua carta de condução, "O que se passa?" perguntou ele iradamente.

"Você estava a conduzir atrvés da cidade com a velocidade de cento vinte kilómetros por hora. O limite de velocidade é de sesenta," disse o sargento.

"Ah, isso. Veja, eu acabei de lavar o meu carro. Por isso estava a conduzir um pouco mais rápido para secá-lo," disse o homem com um sorriso manhoso.

"Custou-lhe muito lavar o carro?" perguntou o polícia.

"Não muito. Custou-me doze euros," diz o condutor.

"Você não sabe o preço," disse o sargento Seixas, "Na verdade custou-lhe duzentos e doze euros porque você vai pagar duzentos euros para secar o carro. Aqui está a sua multa. Tenha um bom dia," disse o polícia. Ele deu-lhe a multa por excesso de velocidade de duzentos euros e a carta de condução ao condutor e voltou para o carro de polícia.

"Francisco, acho que muita experiência com os condutores com excesso de velocidade, não é?" perguntou José ao polícia.

"Já conheci muitos deles," Francisco disse ligando o motor, "Primeiro parecem tigres irados ou raposas manhosas. Mas depois de eu falar com eles, eles parecem gatinhos ou macacos tolos. Como aquele no carro azul."

Entretanto um pequeno carro branco estava a conduzir lentamente ao longo da rua não longe do parque da cidade. O carro parou perto de uma loja. Um homem e uma mulher saem do carro e foram para a loja. Estava fechado. O homem olhou em volta. Depois rápidamente tirou as chaves e tentou abrir a porta. Finalmente a porta abriu e eles entraram lá dentro.

"Olha! Há tantos vestidos aqui!" disse a mulher. Ela tirou um saco grande e começou a por tudo lá dentro. Quando o saco estava cheio, ela levou-o para o carro e voltou.

your driving license, please," the policeman said to the speeder.

"Here is my driving license," the driver showed his driving license, "What is the matter?" he said angryly.

"You were driving through the city with a speed of one hundred and twenty kilometers an hour. The speed limit is sixty," the sergeant said.

"Ah, this. You see, I have just washed my car. So I was driving a little faster to dry it up," the man said with a sly smile.

"Does it cost much to wash the car?" the policeman asked.

"Not much. It cost twelve euro," the speeder said.

"You do not know the prices," sergeant Seixas said, "It really cost you two hundred and twelve euro because you will pay two hundred euro for drying the car. Here is the ticket. Have a nice day," the policeman said. He gave a speeding ticket for two hundred euro and the driving license to the speeder and went back to the police car.

"Francisco, I think you have lots of experiences with speeders, haven't you?" José asked the policeman.

"I have met many of them," Francisco said starting the engine, "At first they look like angry tigers or sly foxes. But after I speak with them, they look like afraid kittens or silly monkeys. Like that one in the blue car."

Meanwhile a little white car was slowly driving along a street not far from the city park. The car stopped near a shop. A man and a woman got out of the car and went up to the shop. It was closed. The man looked around. Then he quickly took out some keys and tried to open the door. At last he opened it and they went inside.

"Look! There are so many dresses here!" the woman said. She took out a big bag and began to put in everything there. When the bag was full, she took it to the car and came back.

"Take everything quickly! Oh! What a wonderful hat!" the man said. He took from

"Leva tudo rápido! Oh! Que chapéu maravilhoso!" disse o homem. Ele tirou o grande chapéu preto da montra e colocou-o na cabeça. "Olha esse vestido vermelho! Gosto muito dele!" a mulher diz e veste o vestido vermelho. Ela não tem mais sacos. Então ela levou mais coisas nas mãos, correu là para fora e meteu-os no carro. Depois correu lá para dentro para trazer mais coisas.

O carro da policia estava a pasar lentamente ao longo do parque da cidade quando o rádio começou a falar: "Atenção todas as patrulhas. Temos um alarme de assalto de uma loja perto do parque da cidade. A morada é Rua do Parque n. 72."

"P07 recebido," disse Francisco ao microfone, "Estou muito perto do local. Vou conduzir até lá cerca."

Eles encontraram rápidamente a loja e conduziram até ao carro branco. Eles sairam do carro e esconderam-se atrás dele. A mulher num vestido vermelho correu para fora da loja. Ela põe uns vestidos no carro da policia e correu de volta para a loja. Ela fê-lo tão rápido que não viu que era o carro da policia.

"Maldito seja! Esqueci-me da minha arma na estação de policia!" disse Francisco. Mike e José olharam para o sargento Seixas e depois surpreendidos um para o outro. O policia estava tão confuso que o José e o Mike entenderam que o deviam ajudar também. A mulher correu outra vez fora da loja e põe os vestidos no carro da policia e corre de volta. Então o José diz ao Francisco: "Nós podemos fingir que temos armas."

"Vamos a isso," respondeu Francisco, "Mas não se levantem. Os asaltantes podem ter armas," ele disse depois gritou, "Aquí fala a policia! Toda a gente que estiver dentro da loja ponham as mãos no ar e saiam lentamente um a um para fora da loja!"

Esperaram um minuto. Ninguém saiu. Então o Mike teve uma ideia.

"Se não sairem agora soltaremos um cão policia em vós!" ele gritou e depois ladrou como um cão raivoso. Os asaltantes correram para fora com as mãos no ar imediatamente. Francisco põe rápidamente as algemas neles e põe-nos no carro.

the shop window a big black hat and put it on.

"Look at this red dress! I like it so much!" the woman said and quickly put on the red dress. She did not have more bags. So she took more things in her hands, ran outside and put them on the car. Then she ran inside to bring more things.

The police car P07 was slowly driving along the city park when the radio began to talk: "Attention all patrols. We have got a robbery alarm from a shop near the city park. The address of the shop is 72 Rua do Parque."

"P07 got it," Francisco said in the mic, "I am very close to this place. Drive there."

They found the shop very quickly and drove up to the white car. Then they got out of the car and hid behind it. The woman in a new red dress ran out of the shop. She put some dresses on the police car and ran back in the shop. The woman did it very quickly. She did not see that it was a police car!

"Damn it! I forgot my gun in the police station!" Francisco said. Mike and José looked at the sergeant Seixas and then surprised at each other. The policeman was so confused that José and Mike understood they must help him. The woman ran out of the shop again, put some dresses on the police car and ran back. Then José said to Francisco: "We can pretend that we have guns."

"Let's do it," Francisco answered, "But you do not get up. The thieves may have guns," he said and then cried, "This is the police speaking! Everybody who is inside the shop put your hands up and come slowly one by one out of the shop!"

They waited for a minute. Nobody came out. Then Mike had an idea.

"If you will not come out now, we will set the police dog on you!" he cried and then barked like a big angry dog. The thieves ran out with hands up immediately. Francisco quickly put handcuffs on them and got them to the police car. Then he said to Mike: "It was a great idea pretending that we have a dog! You see, I have forgotten my gun two

Depois diz ao Mike: "Foi uma grande ideia fingir que nós tinhamos um cão! Vês, eu já me esqueci da minha arma duas vezes. Se eles descobrem que me esqueci pela terceira vez, eles podem despedir-me ou obrigar-me a fazer trabalho de escritorio. Vocês não vão dizer a ninguém sobre isto, vão?"
"Claro que não!" disse Mike.
"Nunca," disse José.
"Muito obrigado por ajudarem-me, rapazes!" Francisco apertou-lhes fortemente as mãos.

times already. If they find out that I have forgotten it for the third time, they may fire me or make me do office work. You will not tell anybody about it, will you?"
"Sure, not!" Mike said.
"Never," José said.
"Thank you very much for helping me, guys!" Francisco shook their hands strongly.

28

A patrulha de policia (parte 2)
The police patrol (part 2)

 A

Palavras

1. abriu - opened
2. ainda - yet
3. alguém - somebody
4. Banco Expresso - Express Bank
5. bolso - pocket
6. botão - button
7. centro comercial - shopping center
8. copo - glass
9. cujo - whose
10. dar/pedir licença - to excuse
11. com licença. - Excuse me.
12. dinheiro - cash,
13. caixa registradora - cash register,
14. operador de caixa - cashier, teller
15. esperto - clever
16. homens - men
17. ido - gone
18. inconsciente - unconscious
19. João - João
20. meu - mine
21. móvel - mobile
22. ontem - yesterday
23. pressionar - to press
24. proteger - to protect
25. raramente - seldom
26. respondeu - answered
27. ricochete - ricochet
28. Roberto - Roberto
29. roubado - stolen
30. secretamente - secretly
31. seguro - safe
32. senhora - madam
33. sinceramente - sincerely
34. também - either, too, also
35. telefone - phone,
36. telefonar - to phone
37. teu - yours
38. tiro - shot
39. tocou - rang
40. tomado - taken
41. usual - usual
42. virou - turned
43. viu - saw

B

A patrulha de policía (parte 2)

The police patrol (part 2)

No dia seguinte Mike e José acompanharam Francisco outra vez. Eles em pé em frente ao centro comercial quando uma senhora veio ter com eles.

"Podem ajudar-me por favor?" perguntou ela.

"Claro, senhora. O que aconteceu?" perguntou Francisco.

"O meu telemóvel desapareceu. Eu acho que foi roubado."

"Usou-o hoje?" perguntou o policía.

"Eu usei-o antes de sair do centro comercial," ela respondeu.

"Vamos lá dentro," disse Francisco. Eles foram para o centro comercial e olharam à volta. Havia muitas pessoas là.

"Vamos a tentar um velho truque," disse Fransciso pegando no seu próprio telefone, "Qual é o seu numero de telefone?" ele perguntou à mulher. Ela disse e ele ligou para o numero do telemovel dela. Um telefone tocou não longe deles. Eles foram para o local onde o telefone estava a tocar. Havia uma fila là. Um homem na fila olhou para o policía e rápidamente desviou a cabeça. O policía veio mais perto ouvindo cuidadosamente. O telefone estava a tocar no bolso do homem.

"Desculpe," disse Francisco. O homem olhou para ele.

"Desculpe, o seu telefone está a tocar," disse Francisco.

"Onde?" disse o homem.

"Aqui, no seu bolso," disse Francisco.

"Não, não está," disse o homem.

"Sim, está," disse Francisco.

"Não é meu," disse o homem.

"Então de quem é esse telefone que está a tocar no seu bolso?" perguntou Francisco.

"Não sei," respondeu o homem.

"Deixe-me ver, por favor," disse Francisco e tirou o telefone do bolso do homem.

"Oh, é meu!" gritou a mulher.

"Tome o seu telefone, senhora," disse Francisco dando-o a ela.

Next day Mike and José were accompanying Francisco again. They were standing near a big shopping centre when a woman came to them.

"Can you help me please?" she asked.

"Sure, madam. What has happened?" Francisco asked.

"My mobile phone is gone. I think it has been stolen."

"Has it been used today?" the policeman asked.

"It had been used by me before I went out of the shopping centre," she answered.

"Let's get inside," Francisco said. They went into the shopping centre and looked around. There were many people there.

"Let's try an old trick," Francisco said taking out his own phone, "What is your telephone number?" he asked the woman. She said and he called her telephone number. A mobile telephone rang not far from them. They went to the place where it was ringing. There was a queue there. A man in the queue looked at the policeman and then quickly turned his head away. The policeman came closer listening carefully. The telephone was ringing in the man's pocket.

"Excuse me," Francisco said. The man looked at him.

"Excuse me, your telephone is ringing," Francisco said.

"Where?" the man said.

"Here, in your pocket," Francisco said.

"No, it is not," the man said.

"Yes, it is," Francisco said

"It is not mine," the man said.

"Then whose telephone is ringing in your pocket?" Francisco asked.

"I do not know," the man answered.

"Let me see, please," Francisco said and took the telephone out of the man's pocket.

"Oh, it is mine!" the woman cried.

" Permita-me senhor?" perguntou Francisco e meteu a mão no bolso do homem outra vez. Ele tirou outro telefone, e depois mais outro.

"Estes também não são seus?" Francisco perguntou ao homem.

O homem abanou a cabeça e desviou o olhar.

"Que telefones tão estranhos!" gritou Francisco, "Eles fugiram dos seus donos e saltaram para dentro dos bolsos deste homem! E agora estão a tocar no seu bolso, não estão?"

"Sim, estão," disse o homem.

"Sabe, o meu trabalho é proteger as pessoas. E eu vou protegê-lo a si deles. Entre no meu carro e eu vou levá-lo para um lugar onde nenhum telefone slate para os seus bolsos. Vamos para a estação da polícia," disse o polícia. Depois pegou no homem e levou-o para o carro de polícia.

"Eu gosto dos criminosos tolos," Francisco Seixas sorriu após terem levado o ladrão à estação de polícia.

"Já conheceu alguns expertos?" perguntou José.

"Sim, já conheci. Mas é muito raro," o polícia respondeu, "Porque é muito difícil apanhar um criminoso esperto."

Entretanto dois homens entram no Banco Expresso. Um deles toma um lugar na fila. Outro veio ter à caixa registradora e deu um papel ao operador de caixa. O operador de caixa pegou no papel e leu:

"Caro Senhor,

Isto é um assalto ao Banco Expresso. Dê-me o dinheiro todo. Senão, vou usar a minha arma. Obrigado.

Sinceramente,

Roberto"

"Eu acho que posso ajudá-lo," disse o operador de caixa pressionando secretamente o botão de alarme, "Mas o dinheiro foi trancado no cofre ontem por mim. O cofre ainda não foi aberto. Eu vou pedir alguém que abra o cofre e traga o dinheiro. Está bem?"

"Está bem! Mas fá-lo rápido!" respondeu o assaltante.

"Posso fazer-lhe uma chávena de café enquanto o dinheiro está a ser colocado nos sacos?" o operador de caixa perguntou.

"Não, obrigado. Só o dinheiro," respondeu o assaltante.

"Take your telephone, madam," Francisco said giving it to her.

"May I, sir?" Francisco asked and put his hand in the man's pocket again. He took out another telephone, and then one more.

"Are they not yours either?" Francisco asked the man.

The man shook his head looking away.

"What strange telephones!" Francisco cried, "They ran away from their owners and jump into the pockets of this man! And now they are ringing in his pockets, aren't they?"

"Yes, they are," the man said.

"You know, my job is to protect people. And I will protect you from them. Get in my car and I will bring you to the place where no telephone can jump in your pocket. We go to the police station," the policeman said. Then he took the man by the arm and took him to the police car.

"I like silly criminals," Francisco Seixas smiled after they had taken the thief to the police station.

"Have you met smart ones?" José asked.

"Yes, I have. But very seldom," the policeman answered, "Because it is very hard to catch a smart criminal."

Meanwhile two men came into the Express Bank. One of them took a place in a queue. Another one came up to the cash register and gave a paper to the cashier. The cashier took the paper and read:

"Dear Sir,

this is a robbery of the Express Bank. Give me all the cash. If you do not, then I will use my gun. Thank you.

Sincerely yours,

Roberto"

"I think I can help you," the cashier said pressing secretly the alarm button, "But the money had been locked by me in the safe yesterday. The safe has not been opened yet. I will ask somebody to open the safe and bring the money. Okay?"

"Okay! But do it quickly!" the robber answered.

"Shall I make you a cup of coffee while the money is being put in bags?" the cashier

O rádio do carro de policía começou a falar: "Atenção todas as patrulhas. Temos um alarme de assalto do Banco Expresso."

"P07 recebido," respondeu o sargento Seixas. Pisou a fundo no acelerador e o carro arrancou rápidamente. Quando eles chegaram ao banco não havia nehum outro carro de policía là ainda.

"Faremos uma reportagem interesante se formos lá dentro," José disse.

"Rapazes façam o que têm de fazer. E eu irei là dentro pelas traseiras," disse o sargento Seixas. Sacou da arma e fui rápidamente para as traseiras do banco. José e Mike entraram no banco pela porta principal. Eles viram o homem em pé perto da caixa registradora. Ele pôs a mão no bolso e olhou em volta. O homem que veio com ele, saiu da fila e veio ter com ele.

"Onde està o dinheiro?" ele perguntou ao Roberto.

"João, o operador de caixa já disse que estão a colocà-lo nos sacos," disse o outro assaltante.

"Estou cansado de esperar," disse João. Sacou a arma e apontou-o ao operador de caixa, "Traz o dinheiro todo agora!" gritou o assaltante ao operador de caixa. Depois foi para o meio da sala e gritou: "Ouçam todos! Isto é um assalto! Ninguém se mexa!" Neste momento alguém junto á caixa registradora mexeu. O assaltante com a arma sem olhar atirou sobre ele. O outro assaltante caiu no chão e gritou: "João seu macaco tolo! Maldito! Acertaste-me!"

"Oh, Roberto! Não vi que eras tu!" disse João. Nesse momento o operador de caixa rápidamente fugiu dali.

"O operador de caixa fugiu e o dinheiro não foi trazido para cá ainda!" João gritou, "A policía pode chegar a qualquer momento! O que pode chegar a qualquer momento! O que é que vamos fazer?"

"Pega em algo grande, parte o vidro e pega no dinheiro. Rápido!" gritou Roberto. João pegou numa cadeira de metal e à janela da caixa registradora. Claro que não era uma janela normal e não partiu. Mas a cadeira fez ricochete e bateu na cabeça do assaltante! Ele caiu no chão inconsciente. Nesse momento o sargento Seixas correu là para dentro e rápidamente colocou as algemas nos asaltantes. Ele virou-se para o José e

asked.

"No, thank you. Just money," the robber answered.

The radio in the police car P07 began to talk: "Attention all the patrols. We have got a robbery alarm from the Express Bank."

"P07 got it," sergeant Seixas answered. He stepped on the gas up to the stop and the car started quickly. When they drove up to the bank, there was no other police car yet.

"We will make an interesting report if we go inside," José said.

"You guys do what you need. And I will come inside through the back door," sergeant Seixas said. He took out his gun and went quickly to the back door of the bank. José and Mike came into the bank through the central door. They saw a man standing near the cash register. He put one hand in his pocket and looked around. The man who came with him, stepped away from the queue and came up to him.

"Where is the money?" he asked Roberto.

"João, the cashier has said that it is being put in bags," another robber answered.

"I am tired of waiting!" João said. He took out a gun and pointed it to the cashier, "Bring all the money now!" the robber cried at the cashier. Then he went to the middle of the room and cried: "Listen all! This is a robbery! Nobody move!" At this moment somebody near the cash register moved. The robber with the gun without looking shot at him. Another robber fell on the floor and cried: "João, you silly monkey! Damn it! You have shot me!"

"Oh, Roberto! I did not see that it was you!" João said. At this moment the cashier quickly ran out.

"The cashier has run away and the money has not been taken here yet!" João cried, "The police may arrive soon! What shall we do?"

"Take something big, break the glass and take the money. Quickly!" Roberto cried. João took a metal chair and hit the glass of the cash register. It was of course not usual glass and it did not break. But the chair went

Mike.
"Eu disse! A maioria dos criminosos são simplesmente tolos!" disse ele.

back by ricochet and hit the robber on the head! He fell on the floor unconsciously. At this moment sergeant Seixas ran inside and quickly put handcuffs on the robbers. He turned to José and Mike.

"I did say! Most criminals are just silly!" he said.

29

Escola para Estudantes Estrangeiros (E.E.E) e au pairs
School for Foreign Students (SFS) and au pair

A

Palavras

1. acordo - agreement
2. Alicia - Alice
3. aprendendo - learning
4. carta - letter
5. chamado - called
6. Chicago - Chicago
7. competição, concurso - competition
8. criada - servant
9. curso- course
10. data - date
11. duas vezes - twice
12. email - e-mail
13. enviado - sent
14. escreveu- wrote

15. esperança - hope,
16. esperar - to hope
17. Estados Unidos/EE.UU - the United States/the USA
18. filha- daughter
19. injusto - unfair
20. mais perto - nearest
21. mais velho - elder
22. mudar- to change,
23. muda - change
24. norma/padrão - standard
25. Norte América e Euroasia - North America and Eurasia
26. página web - Internet site
27. pagou - paid

28. país - country (state);	37. também - also
29. campo - countryside	38. uma vez - once
30. participante - participant	39. uma vez que - since (time point),
31. passado - passed	40. desde que - as, since
32. pessoa - person	41. unir - to join
33. possibilidades - possibility	42. vila - village
34. problema - problem	43. visitado - visited
35. seleccionar - chose	44. visitante - host
36. Sofía - Sofia	45. viveu - lived

Escola para Estudantes Estrangeiros (EEE) e au pairs

A irmã do Mike, o irmão e os país viveram nos Estados Unidos. Viveram em Chicago. O nome da irmã é Sofia. Ela tem vinte anos. Ela aprendeu portugués desde os onze anos. Quando Sofia tinha quinze anos, ela queria participar no programa EEE. EEE dà a possibilidade a alguns alunos do colégio da América do Norte e Euroasia de passar um ano em Portugal, vivendo em casa de uma familia hospedeira e a estudar numa escola portuguesa. O programa é grátis. Bilhetes de avião, viver com uma familia, comida, estudar numa escola portuguesa é tudo pago pela EEE. Mas até que ela coonseguisse alguma informação sobre a competição a data já tinha passado.

Então ela informou-se sobre o programa de au pair. Este programa dà aos participantes a possibilidade de passar um ano ou dois noutro país vivendo numa casa de familia hospedeira, tomando conta das crianças e tirando um curso de linguas. Uma vez que Mike estava a estudar no Porto, Sofia escreveu-lhe um email. Ela pediu-lhe para encontrar uma familia hospedeira para ela em Portugal. Mike procurou nos anuncios de jornal e sites da Internet com publicidades. Ele encontrou algumas casas de familia de Portugal no http://www.aupair-world.net/ e em http://www.Placementaupair.com/. Depois o Mike visitou a agencia de au pair no Porto. Ele foi aconselhado por uma mulher. O seu nome é

School for Foreign Students (SFS) and au pair

Mike's sister, brother and parents lived in the United States. They lived in Chicago. The sister's name was Sofia. She was twenty years old. She had learned Portuguese since she was eleven years old. When Sofia was fifteen years old, she wanted to take part in the program EEE. EEE gives the possibility for some high school students from North America and Eurasia to spend a year in Portugal, living with a host family and studying in a Portuguese school. The program is free. Airplane tickets, living with a family, food, studying at Portuguese school are paid by EEE. But by the time when she got the information about the competition date from the Internet site, the competition day had passed.

Then she learned about the program de au pair. This program gives its participants the possibility to spend a year or two in another country living with a host family, looking after children and learning at a language course. Since Mike was studying in Porto, Sofia wrote him an e-mail. She asked him to find a host family for her in Portugal. Mike looked through some newspapers and Internet sites with adverts. He found some host families from Portugal on http://www.aupair-world.net/ and on http://www.Placementaupair.com/. Then Mike visited an au pair agency in Porto. He

Alice Girassóis.

"A minha irmã é dos Estados Unidos. Ela gostaria de ser uma au pair com uma familia portuguesa. Podes ajudar neste assunto?" Mike perguntou Alice.

"Terei muito prazer em ajudá-lo. Nós colocamos au pairs com familia por todo o Portugal. Uma au pai é uma pessoa que junta-se a uma familia hospedeira para ajudar na casa e tomar conta das crianças. A familia hospedeira dá de comer ao au pair, um quarto e uma mesada. A mesada vai de 200 a 600 euros. A familia hospedeira também paga o curso do au pair," Alice disse.

"Há familias boas e familias más?" perguntou Mike.

"Há dois tipos de problemas ao escolher uma familia. Primeiro algumas familias pensam que um au pair é uma criado que deve fazer tudo na casa incluindo cozinhar para todos os membros da familia, limpar, lavar, trabalhar no jardim etc. Mas um au pair não é um criado. Um au pair é como um filho ou uma filha mais velhos da familia que ajudam os país com os filhos mais novos. Para proteger os seus direitos au pairs precisam de estabelecer um acordo com a familia anfitriã. Não acredite quando algumas agências de au pair ou familias anfitriãs dizem que utilizam o acordo padrão. Não acordos padrão. O au pair pode mudar qualquer parte do acordo. Tudo o que o au pair e a familia anfitriã fizer tem de estar escrito no acordo.

O segundo problema é este: algumas familias vivem em pequenas vilas onde não há cursos de linguas e poucos lugares para o au pair ir nos tempos livres. Nesta situação é necessário incluir no acordo que a familia anfitriã deve pagar pelos bilhetes de ida e volta à cidade grande mais próxima quando o au pair là và. Pode ser uma ou duas vezes por semana."

"Vejo. A minha irmã gostaria de ficar com uma familia do Porto. Pode encontrar-me uma boa familia nesta cidade?" perguntou Mike.

"Bem, há aproximadamente vinte familias do Porto agora," respondeu Alice. Ela telefonou a alguns deles. As familias anfitriãs ficaram contentes por ter uma au pair dos Estados Unidos. Muitos das familias queriam receber ruma carta com a fotografía da Sofia. Alguns deles também

was consulted by a woman. Her name was Alice Girassóis.

"My sister is from United States. She would like to be an au pair with a Portuguese family. Can you help on this matter?" Mike asked Alice.

"I will be glad to help you. We place au pairs with families all over Portugal. An au pair is a person who joins a host family to help around the house and look after children. The host family gives the au pair food, a room and pocket money. Pocket money may be from 200 to 600 euro. The host family must pay for a language course for the au pair as well," Alice said.

"Are there good and bad families?" Mike asked.

"There are two problems about choosing a family. First some families think that an au pair is a servant who must do everything in the house including cooking for all family members, cleaning, washing, working in the garden etc. But an au pair is not a servant. An au pair is like an elder daughter or son of the family who helps parents with younger children. To protect their rights au pairs must work out an agreement with the host family. Do not believe it when some au pair agencies or host families say that they use a "standard" agreement. There is no standard agreement. The au pair can change any part of the agreement if it is unfair. Everything that an au pair and host family will do must be written in an agreement.

The second problem is this: Some families live in small villages where there are no language courses and few places where an au pair can go in free time. In this situation it is necessary to include in the agreement that the host family must pay for two way tickets to the nearest big town when the au pair goes there. It may be once or twice a week."

"I see. My sister would like a family from Porto. Can you find a good family in this city?" Mike asked.

"Well, there are about twenty families from Porto now," Alice answered. She telephoned some of them. The host families were glad to

queriam falar com ela ao telefone para certificarem-se de que ela sabia falar um pouco de português. Por isso o Mike deu-lhes o numero de telefone dela.

Muitas familias anfitriãs ligaram à Sofia. Depois ela mandou-lhes as cartas. Finalmente ela escolheu uma familia adequada e com ajuda da Alice estabeleceu um acordo com eles. A familia pagou o bilhete dos Estados Unidos para Portugal. Finalmente a Sofia arrancou para Portugal cheia de sonhos e esperanças.

have an au pair from United States. Most of the families wanted to get a letter with a photograph from Sofia. Some of them also wanted to telephone her to be sure that she can speak Portuguese a little. So Mike gave them her telephone number.

Some host families called Sofia. Then she sent them letters. At last she chose a suitable family and with the help of Alice worked out an agreement with them. The family paid for the ticket from United States to Portugal. At last Sofia started for Portugal full of hopes and dreams.

Portuguese-English dictionary

A seguir, depois - then, after
depois de - after that
A volta - round
abrir - to open
acabado - finished
acabar - finish
acerca de - about;
acidente - accident
acreditar - to believe
actual - current
adentro - into
adequado - suitable
adeus - bye
agência - agency
(agente da) policia - policeman
agora - now
agradecer - to thank;
agricultor - farmer
ainda - still/yet
ainda que - although
ajuda - help; ajudar - to help
ajudante - helper
alargar - to loose
alarme - alarm
alemão - German
algemas - handcuffs
algo - something
alguém - somebody
algum/alguma - any, some
algumas vezes, - sometimes
ali (lugar) - there (place)
lá(dirección) - there (direction)
alimentar - to feed
alto - high
amado - loved
amanhã - tomorrow
amarelo - yellow
amigável - friendly
amigo - friend
amor - love,
amar - to love
andar - to walk
animal - animal
animal de estimação - pet
antes/ a frente de - before
anuncio - advert

ao ar livre - outdoors
ao longo- along
apanhar, capturar - to catch
apertar - fasten
apontar - pointed
aprendendo - learning
aprender - to learn
apressou - rushed
aproximadamente - about, approximately
aquecer - to warm up
aquele - that
aqueles - those
aqui (um lugar) - here (a place),
aqui está/aqui é - here is
aquilo/aquele/aquela - that (conj)
ar - air
areia - sand
arma - gun
arrepender-se - to be sorry
arte - art
assaltante/ladrão - robber,
assalto - robbery
assassino - killer
assentar-se - to take a seat
Assento/cadeira - seat,
assim - so
Assistente de loja - shop assistant
assunto, negócio - matter, business
até - until
atenção - attention
atendedor de chamadas - answering machine
atrás - ago; i.e há um ano atrás - a year ago
atrás - back
atravesar, cruzar - through, across
auricular - phone handset
autocarro - bus
aventura- adventure
avião - airplane
azeite - oil
azul - blue
baixo - down
baixo - under
baleia - whale,
baleia assassina - killer whale
banco - bank
banheira - bath

barco - ship
bater - to hit, to beat
beber - to drink
beijar - to kiss
bem - fine
bilhão - billion
bilhete- ticket
bloco de notas(s) - notebook(s)
bolso - pocket
bom/boa - good
Boneca/o- doll
bonito - nice
borracha - rubber
botão - button
braço - arm
brinquedo - toy
cabeça - head;
cabelo - hair
cabo - cable
cachorro - puppy
cadeira - chair
café - coffee
café- café
cair - to fall, caído - fell
caixa - box
calado/silencioso - silent
calças - trousers
cama(s) - bed(s)
camião - truck
caminhando - walking
caminhar - on foot
caminhar - to walk
caminho - way
campo - countryside
campo - field
caneta(s), esferografica(s) - pen
cansado - tired
cantar - sing
cantor - singer
cão - dog
Capitão - captain
cara - face
carregador - loader
carregar - to load,
carro/automóvel - car
casa - house
casa de banho- bathroom;
casa, casa - home, house

casaco - jacket
cassete de video - videocassette
cauda - tail
cem - hundred
central - central
centro - centre
centro da cidade - city centre
centro de chamadas - call centre
ceremónia - ceremony
chá - tea
chaleira - kettle
chamar - to call, to ring,
chão - floor
chapeu - hat
chatear - to bother
chave - key
chefe/patrão - head chief;
chegar - to arrive
chegar a - to get (somewhere)
cheio - full
chuva - rain
cidade - city, town
cinco - five
cinto de segurança - seat belts
claro - of course
classe - class
cliente - customer
clube - club
coisa - thing
colchão - mattress
colega - colleague
colocar - to place
com - with
com medo- afraid
comboio - train
começar - to begin, to start
começou - began
comer - to eat
comida - food
como - as
como? - how
companhia - company
completo - all-round
compor - to compose
composição - composition
comprar - to buy
comprido/longo- long
comprimido - pill

computador - computer
concordar - to agree
condutor - driver
conduzir - to drive
conduziu - drove
confuso - confused
congelar - to freeze
conhecer - to know, to meet
conheceu - met
conseguir, - manage
constante - constant
consultadoria - consultancy
consultar - to consult
consultor - consultant
contar, dizer - to tell, to say
contente/feliz - happy
contentor - tanker
continuar - to continue;
continuou - continued
contra - against
controlo/controle - control
conversar - to talk
convidado - guest
coordenação - co-ordination
copo - cup, glass
correctamente - correctly
correcto - correct
corrente/ a correr - running
correr - to run
corrigir - to correct
costa - seashore
cozinha - kitchen
cozinhar - cooking
cozinheiro/cozinheira - cooker
creativo - creative
criança - child
cristal - crystal
cuidadosamente - carefully
cuidadoso/cuidadosa - careful
cuidar/tomar conta - to care
cujo - whose
curto/a - short
custar - to cost
dançar - to dance; dancei - danced - a dançar
- dancing
dar - to give
dar-se conta- to catch on
data - date

de manha - morning
de repente - suddenly
décimo - tenth
demonstrou - showed
dentro - inside
departamento de pessoal - personnel
department
depois - after
depois - after
descarregar - to unload
desculpa, sinto muito. - I am sorry.
desde que - since
desenvolver - to develop
design - design
desligar - to turn off
despedir - to fire
desporto - sport;
destrói - destroy
detrás - behind
detrás - behind
dez - ten
dia - day ; diaramente - daily
diferente - different
difícil - difficult
dinheiro - cash,
dinheiro - money
direito/a - right
dirigir/conduzir - to steer
dirigir-se a, ir - to head, to go
discurso - speech
disse - said
diversão - fun
diversão - fun
divertir-se/ apreciar - enjoy
dizer - to say
 euro - euro
domingo - Sunday;
dono - owner
dormindo - sleeping
dormir - to sleep
dormitorios - dorms
dormitórios - dorms
doutor - doctor
doze - twelve
doze - twelve
duas vezes - twice
durante - during
duro - hard

duro - hard
e - and
é por isso - that is why
editor - editor
editoria - publishing house
educação - education
ela - she
ele - he/him
ele está envergonhado - he is ashamed
eléctrico/eléctrica - electric
eles - they/them
elevador - lift
em - in
em breve - soon
em frente- in front
em primeiro - at first
em vez de - instead
em vez de ti - instead of you
em volta - around
em voz alta - aloud
email - e-mail
empregado - employee
empresa - firm
empurrar - to push
encher - to fill up
encontrado - found
encontrar - to find
endereço - address
energia - energy
engenheiro - engineer
engolir - to swallow
engraçado/a - funny
ensinar - to teach
então - so
entender/compreender - to understand
entendeu - understood
entornar - to pour
entrar em panico - to panic
entre- between
entretanto - meanwhile
envergonhar-se - to be ashamed;
enviado - sent
equipa - team
era /estava - were
escadas - stairs
escola- school
escolher - to choose
esconder - to hide

escondidas - hide-n-seek
escondeu - hid
escrever- to write
escreveu- wrote
escritor - writer
escritorio - office
escuro - dark
esfregar - to rub
espaço - space
espalhar - to spread
especialmente - especially
esperança - hope,
esperar - to hope
esperar - to wait
esperou - waited
esperto - clever
esquecer - to forget
esqueceu - forgot
esquerda - left
esta bem/bem - okay, well
esta coisas - this stuff
estação - season
estação - station
estante - bookcase
estava/foi - was
este - this; este livro - this book
estes - these
estimar - to estimate
estofado - stuffed;
estrada - road
estranho - strange
estrela - star
estudante(s) - student(s)
estudar - to study
etc - etc.
eu - I
eu - me
Eu sei ler. - I can read
Eu vou ao banco. - I go to the bank.
exame - test
examinar, aprovar - to test
excesso de velocidade - speeding
exemplo - example;
exibição aérea - airshow
experiência - experience
explicar - to explain
extraterrestre - alien
familia - family

farmácia - pharmacy
favorito - favorite
fazer - to do
fechado - close
feliz, contente - glad
fila - queue
filha- daughter
filho - son
filme - film
final - over
fixe - cool, great
flor - flower
fluentemente - fluently
fogo- fire
folha (de papel) - sheet (of paper)
fora - outside
fora de serviço - out of order
formulario,- form
forte - strong
fortemente - strongly,
fotografia - picture
frase - phrase
frio (adj) - cold (adj)
frieza - coldness
futuro - future
ganhar/receber - to earn
gás - gas
gastar - to spend
gato/gata - pussycat
gelado - ice-cream
género, tipo - kind, type
gostar, amar- to like, to love
gostar, amar- to like, to love
grande - great
gravar - to record
gravar pensamentos -
thought-recording
grisalho - gray-headed
gritar/chorar - to cry
gritou - cried
guerra - war
habilidades - skill
habitual - usual
habitualmente- usually
historia - story
hoje - today
homem - man
homens - men

hora - hour
hora - hour
hora - hour
por hora - hourly
horas - o'clock
São duas horas. - It is two o'clock.
hoteis - hotels
hotel - hotel
humano - human,
ser-humano (adj) - human
idade - age
idea - idea
ido - gone
imediatamente - immediately
importante - important
inconsciente - unconscious
incorrectamente - incorrectly
individualmente - individually
informação- information
informar - to inform
inteligente - smart
interessante - interesting
ir de autocarro- to go by bus
ir de bicicleta - to go by, to ride
ir embora - to go away
irado - angry
irmã - sister
irmão - brother
já agora - by the way
já que, como - since, as
janela - window
janelas - windows
japonês - Japanese
jardim - garden
jarro - jar
jogar- to play
jornal - newspaper
jornal - newspaper
jornalista - journalist
jovem - young
juntos - together
ladrão - thief, ladrones - thieves
ladrou - barked
lago - lake
lanche - snack
largo - wide,
largamente - widely
laser - laser

lavar - to wash
lavatório- washer
leão - lion
leitor de CD - CD player
lentamente - slowly
ler - to read/ reading
levantar-se - to stand, to get up
libertar - to set free
lição - lesson
licença - driving license
lider - leader
ligar - switched on
ligar - to turn on
ligeiramente - slightly
ligou - started (the engine)
limite - limit
limpeza - cleaned
limpo - clean
limpar - to clean
lindo/a - beautiful
lingua/idioma - language
linha de comboio - railway
lista - list
livre - free
livro - book
livro de texto - textbook
loja - shop
loja de videos - video-shop
lojas - shops
longe - far
lugar - place
colocar - to place
macaco - monkey
mãe - mom, mother
maior - bigger
mais - more
mais longe - further
mais perto - nearest
mais um - one more
mais velho - elder
mal cheiroso - stinking
maldito- damn
manhoso - sly; astutamente - slyly
manteiga - butter
mão - hand
mapa - map
máquina - machine

máquina de café - coffee-maker
mar - sea
maravilhoso - wonderful
maravilloso/maravillosa - wonderful
mas - but
masculino - male
mau/mal - bad
medico - medical
médio - half
melhor - best
melhor - better
membro - member
menina - miss
menino/rapaz - boy
meninos - children
menos - less
mental - mental; mentalmente - mentally
mentir - to lie
mês - month
mesa - table
mesa de casa de banho - bathroom table
mesas - tables
metade - half
metal - metal
método - method
metro - meter
meu - mine/my
microfone - microphone
mil - thousand
minuto - minute
mistério - mystery
mobilia - furniture
mochila - bag
molhado- wet
momento - moment
monótono - monotonous
morder - to bite
morrer - to die, merto - died
mortal/fatal - deadly
morto - killed
mosquito - mosquito
mostrar - to show
motor - engine
móvel - mobile
movido - moved
muda - change
mudar- to change,
muito - very, much, many

mulher - woman
mundo - world
música - music
Na rua - into the street,
fora de - out of
nacionalidade - nationality
nada - nothing
nadar - to swim
namorada - girlfriend
namorado - boyfriend
não - no/not
nariz - nose
Native/a - native
natureza - nature
nave espacial - spaceship
necessitar - need
nenhum - not any
ninguém- nobody
noite - night
nome - name; citar - to name
nona- ninth
norma/padrão - standard
nós - us/we
nosso - ours
nota - note
nove - nine
novo - new
numa hora en una hora - in an hour;
número - number
nunca - never
o livro do José - Jose's book
o mais - most
o mapa do homem - man's map
o mesmo - the same
Ao mesmo tempo - at the same time
objecto - it
obrigado(a) - thank you/thanks
obter, conseguir - to get (something),
ocorrer/acontecer - to happen
odiar - to hate
oficial - officer
operador de caixa - cashier
oitavo - eighth
ok, bem - OK, well
olá - hello
olá - hi
olhar - to look

olhos - eyes
olímpico - olympic
onda - wave
ontem - yesterday
ou - or
outra vez - again
outro - another
ouvir - to listen; Eu ouço música. - I listen to music.
pagar - to pay
página web - Internet site
pagou - paid
pai - dad
país - country (state);
pais - parents
pálido/pálida - pale
pão - bread
papá - daddy
papel - paper
para - for
para mim- to me
paraquedas - parachute
páraquedistas - parachutist
parar - to stop
parou - stopped
parque - park
parques - parks
parte - part
participante - participant
passado - passed
passado - past
passado - past; às oito e meia - at half past eight
passar - to pass,
pássaro - bird
passo - step,
pisar - to step
patio - yard
patrulha- patrol
pé - foot
a pé - on foot
pedir - to ask
pedra - stone
pelo menos - at least
pensar - to think
pequeno - little/small
perguntou - asked
permanecer - to remain

permitir - to let
perna - leg
perseguição - pursuit
perto - near, close
perto de, próximo - nearby, next
pessoa - person
pessoal - personal
piloto - pilot
pisando - stepping
pisou - stepped
planeta - planet
plano - plan
planear, planificar - to plan
pobre - poor
poder - may
Eu posso ir ao banco. - I may go to the bank.
poderia - would (conditional)
Eu poderia ler se... - I would read if...
podía - could
policia - police
Polónia - Poland
poluir - to pollute
Grande Poluição - Gran Polución
ponte - bridge
por em ordem- to order
por favor - please
por hora - hourly/per hour
por isso - so
por verticalmente - to put vertically
por horizontalmente - to put horizontally
porque - because
porquê? - why?
porta - door
posição - position
possibilidade, oportunidade - chance
possibilidades - possibility
possivel - possible
poucos - few
praça - square
prato - plate
preço - price
preocupar-se - to worry
preparar - to prepare
pressionar - to press
primero/primera - first
problema - problem
procura-se - wanted
produzir - to produce

professor/professora - teacher
profissão - profession
programa- program
programador - programmer
pronto - ready
próprio/própria - own
proteger - to protect
público, audiência - audience
quando - when
quarto - room
quartos - rooms
quatro - four
que - than,
O Jorge é mais velho que a Linda. - George is older than Linda
que - that,
eu sei que este livro é interessante. - I know that this book is interesting.
que - which
quem - who
quente- warm;
querer - to want
querido- dear
questionario - questionnaire
quilómetro - kilometer
química - chemistry
químico - chemical(adj)
produtos químicos- chemicals
quinta- farm
quinze - fifteen
radar - radar
rádio - radio
rápidamente - quickly
rápido - quick
raramente - seldom
ratazana - rat
razão - reason
reabilitar - to rehabilitate
realmente - really
recesso, pausa - break, pause
recomendação - recommendation
recomendado - recommended
recomendar - to recommend
recordado - remembered
recusar - to refuse
regra - rule
relogio - watch

responder - to answer
respondeu - answered
resposta - answer,
resto - turning
revisar/confirmar - to check
revista - magazine
ricochete - ricochet
rir-se - to laugh
roda - wheel
roubado - stolen
roubar - to steal
rubrica - rubric
sábado - Saturday
saber - can
saboroso,gostoso - tasty
sacudiu - shook
sair - to leave
saiu - went away
sala de aula - classroom
saltar - to jump;
salto - jump
salvar - to rescue
sanduíche - sandwich
sanitário, - toilet
sargento - sergeant
saude - health
secar - to dry,
seco - dry (adj)
secretamente - secretly
secretária (mesa) - desk
secretária- secretary
segredo - secret
Segunda-feira - Monday
segundo - second
segundo nome - middle name
seguro - safe
seis - six
seleccionar - chose
sem - without
semana - week
semente - seed
sempre - always
senhor, Sr. - mister, Mr
senhora - madam
sentar - to sit
sentir - feeling
serial - serial
seriamente/ a sério - seriously

servir - to serve
sessenta - sixty
sete- seven
sétimo - seventh
seu - its (for neuter)
seu - his;
seu livro - his/ her book
seus - their
sexo - sex
sexto - sixth
significar - to mean
silenciosamente - quietly
simples - simple
sinceramente - sincerely
sirene - siren
situação - situation
solteiro - single
somente, só - only
sonhar - to dream
sonho/a - dream
sorrir - to smile
sorriso - smile
sublinhar - to underline
sucio/sucia - dirty
sujo/a - dirty
supermercado - supermarket
surpresa - surprise
surprender - to surprise
surprendido - surprised
também - also, as well
também - too; demasiaodo grande - too big
tarde - evening
tarefa - task
taxi - taxi
taxista - taxi driver
teclado - keyboard
telefonar - to call on the phone;
telefone - phone, telephone
televisão - TV-set
tem - has; Ele tem um livro. - he has a book.
tempo - time;
o tempo passa - time goes
duas vezes - two times
tempo - weather
tentar - to try
ter - to have
ter de - must
eu tenho de ir. - I must go.

terceiro - third
Terra - Earth
teu - yours
Teu/seu - your
texto - text
tigre - tiger
tirar/ puxar - to pull
tiro - shot
tocou - rang
toda a gente - everybody
todo - all
todos/cada - every
tomado - taken
tomar - to take
tomar parte - to take part
tomou - took
tonto - silly
torneira - tap
trabalhador - worker
trabalhando - working
trabalhar - to work
trabalho - job; agência de emprego - job agency
trabalho - work
trabalho manual - manual work
trabalho mental - mental work
trabalhos de casa - homework
trabalhou - worked
tradutor - translator
transportar- to carry by transport
transporte - transport
tratou - tried
travão - brake,
travar - to brake
trazer - to bring
trazendo - bringing
tremer - to shake
três - three
trinta - thirty
triste - sad
tu/você *(s)* -vós/vocês*(p)*. - you

Tu/Você singular-Vós/Vocês plural- you
tudo - everything
televisão - television
ultimo/ passado - last; durar - to last
um a um/uma a uma - one by one
um ao outro - each other
um tanto - quite
unidade de resgate - rescue service
universidade- college
usar - to use
usual - usual
vamos - let us
varias vezes - often
vazio - empty
veio - came
velho - old
velocidade - speed,
vem, vai - come, go
vender - to sell
vento - wind
ver - to see
verde - green
veterinario - vet
viajar - to travel
vila - village
vinte - twenty
vinte e cinco - twenty-five
vinte e um - twenty-one
virar - to turn;
virou - turned
visitado - visited
visitante - visitor
visitante - visitor
viu - saw
vivendo/ a viver - living
viver - to live
vizinho - neighbour
voar - to fly
voôu - flew away
voz - voice
zebra - zebra
zoológico - zoo

English-Portuguese dictionary

a lot - muito
about - acerca de;
about - aproximadamente
accident - acidente
accompanied - acompanhou
accompany (v) - acompanhar
ad, advert - anuncio, publicidade
address - morada
adventure - aventura
afraid - com medo
after - depois
again - outra vez
against - contra
age - idade
agency - agência
ago - atràs
a year ago - há um ano atrás
agree (v)- concordo
agreement - acordo
ah.. - ah..
air - ar
airplane - avião
airshow - exhibição aérea
alarm - alarme
Alice - Alice
alien - extraterrestre
all-round - em volta
along - ao longo
aloud - em voz alta
already - já
although - ainda que
always - sempre
American - americano
and - e
Angela - Angela
angrily - iradamente/chateado
angry - irado/chateado
animal - animal
another - outro
answer - resposta
 answer (v)- responder
answered - respondeu
answering machine - atendedor de chamadas
any - nenhum/algum
any of - nehum/algum de
anything - alguma coisa

apply (v) - aplicar
arms - braços,
arm (v) - braço
arrive (v)- chegar
arrived - chegado
art - arte
artist - artista
as - como
as well - também
ask (v)- pedir
asked - perguntou
aspirin - aspirina
asterisk - asterisco
at - em
at first - em primeiro
at least - ao menos
attention - atenção
audience - audiência
back - atrás
bad - mau/mal
bag - bolsa, bolso
bank - banco
barked - ladrou
bathroom - banho,
bath - banheira
bathroom table - mesa de casa de banho
be (v)- ser/estar
be ashamed (v)- envergonharse
he is ashamed - ele está envergonhado
be sorry (v)- arrepender-se
I am sorry.-sinto muito.
beautiful - lindo/a
because - porque
bed - cama
beds - camas
beep - bip
before - antes
began - começou
begin, start (v) - começar
behind - atrás
believe (v) - acreditar
best - o melhor
better - melhor que
between - entre
big, great, high - grande
bigger - maior

bike - bicicleta
billion - bilhão
bird - passaro
bite (v)- morder
black - preto
blank, empty - em branco, vazio
blue - azul
book - livro
bookcase - estante
bother (v)- incomodar
box - caixa
boy - menino
boyfriend - namorado
brake - travões
to brake (v)- travar
bread - pão
break, pause -pausa intervalo
breakfast - pequeño almoço;
have breakfast - tomar o pequeno almoço
bridge - ponte
bring (v)- trazer
bringing - trazendo
brother - irmão
bus - autocarro
but - mas
butter - manteiga
button - botão
buy (v) - comprar
by the way - já agora
bye - adeus
cable - cabo
café - café
call (v)- chamar
called - chamado
came - veio
can - podes
I can read.- Eu sei ler.
captain - capitão
car - carro/automóvel
care (v) - cuidar
careful - cuidadoso/a
carefully - cuidadosamente
Carol - Carol
cash - dinheiro
cash register - caixa registradora,
cashier, teller - operador de caixa
cat - gato
catch (v) - capturar

catch on (v) - dar-se conta
CD - compacto disco (CD)
CD player - leitor de CD
central - central
centre - centro
city centre - centro da cidade
ceremony - ceremónia
chair - cadeira/assento
chance - oportunidade
change (v) - mudar
change - cambio
check (v)- confirmar
chemical(adj) - químico
chemicals - prod. químicos
chemistry - química
Chicago - Chicago
child - criança
children - crianças
choose (v)- escolher
chose - seleccionar
city - cidade
class - classe
classroom - sala de aula
clean - limpo
clean (v)- limpar
cleaned - limpou
cleaning - a limpar
clever - esperto
close (v) - fechar
close - fechado
closed - fechado
closer - mais perto
club - club
coffee - café
cold (adj)- frio (adj)
coldness - frieza
colleague - colega
college - universidade
come, go - vir, ir
company - companhia
competition - competição
compose (v) - compor
composition - composição
computer - computador
confused - confuso
constant - constante
consult (v) - consultar
consultancy - consultoria

consultant - consultor/a,
continue (v) - continuar
continued (v) - continuado
control - controlo/controle
cooker - cozinheiro/a
cooking - cozinhando
cool, great - fixe, optimo
co-ordination - coordinação
correct - correcto
correctly - correctamente
incorrectly - incorrectamente
correct (v) - corrigir
cost - custa (v)
could - poderia
country (state) - país
countryside - campo
course - curso
creative - creativo
cried - gritou
criminal (adj) - criminoso
cry (v)- gritar
cries - grita
crystal, glass - cristal, vidro
cup - copo/caneca
current - actual
customer - cliente
dad - pai
daddy - papá
damn - maldito
dance (v) - dançar
danced - dançado
dancing - dançando
Daniel - Daniel
dark - escuro
date - data
daughter - filha
day - dia
daily - diário
deadly - mortal (adj)
dear - querido
design - design
desk - secretária
destroy - destroi
develop (v) - desenvolver
did - fez
die - morrer
died - morto
different - diferente

difficult - difícil
dirty - sujo/a
do (v)- fazer
doctor - doutor/médico
dog - cão
doll - boneca
euro - euro
door - porta
dorms - dormitorios
down - baixo
dream - sonho
dream (v)- sonhar
dress - vestido
put on (v)- vestir-se
dressed - estar vestido
drink (v) - beber
drive (v) - conduzir
driver - condutor
driving license -carta de condução
drove - conduziu
dry (v)- secar
dry (adj) - seco
during - durante
each other - um ao outro
ear - orelha
earn (v)- ganar/receber
eat (v) - comer
editor - editor
education - educação
eight - oito
eighth - oitavo
either - um ou outro
elder - mais velho
eléctric - eléctrico/a
eleven - onze
e-mail - email
employer - patrão
empty - vazio
energy - energia
engine - motor
engineer - engenheiro
enjoy - disfrutar
especially - especialmente
estimate (v)- estimar
estimated - estimado
etc.- etc
evening - fim de tarde
everybody - todos

everything, all - todo
example - exemplo;
for example - por exemplo
excuse (v)- desculpar-se
Excuse me.- Desculpe-me/com licença
experience - experiência
explain (v)- explicar
eye - olho
eyes - olhos
face - cara
fall (v) - cair
fall - cai
fell - caido
falling - a cair
family - familia
far - longe
farm - quinta
farmer - agricultor
fasten - apertar
favorite - favorito/a
feed (v) - alimentar
feeling - sentimento
female - mulher
few - poucos/poucas
field - campo
fifteen - quinze
fifth - quinto
fill up (v)- encher
film - filme
finance - finanças
find (v)- encontrar
fine, well - bem
finish - acabar
finish (v)- finalizar
finished - acabado
fire - fogo
fire (v) - despedir
firm - empresa
first - primeiro/a
five - cinco
flew away - voar
float (v)- flutuar
floating - flutuando
floor - chão
flow (v)- fluir
flower - flor
fluently - fluentemente
fly (v)- voar

food, meal - comida
foot - pé
on foot - a pé
for - para
for - por
Ford - Ford
forget (v)- esquecer
forgot - esquecido
form - formulario
forty-four - quarenta e quatro
found - encontrado
four - quatro
fourth - quarto
free - livre
freeze (v) - congelar
friend - amigo
friendly - amigável
from - de/da/dos
from the USA - dos Estados Unidos
front - frente
full - cheio
fun - diversão
funny - gracioso/a
furniture - mobilia
further - mais longe
future - futuro
garden - jardim
gas - gás
gave - deu
George - Jorge
German - alemão
get (something) - obter
get (somewhere) - chegar a
get off (v) - sair de cima de
get up (v)- levantar-se
Get up!- Levanta-te
gift - habilidades
girl - menina
girlfriend - namorada
give (v) - dar
glad - contente
go (on foot) (v) - andar (a pé)
go (by a transport) (v) - ir (de transporte)
go by (v)- ir de
go by bus - ir de autocarro
gone - foi
good - bom/boa
goodbye - adeus

gray-headed - grisalho
green - verde
grey - cinzento
guest - convidado/a
gun - arma
guy - rapaz
had - tive
hair - cabelo
half - meio
hand - mão
handcuffs - algemas
happen (v)- ocurrer
happened - ocurreu
happiness - felicidade
happy - feliz
hard - duro
has - tem
He has a book.- Ele tem um livro.
hat - chapéu
hate (v)- ódio
have (v)- ter
he - ele
head - cabeça;
head, chief - chefe
head, go (v) - dirigir-se a
health - saude
heard - ouvido
hello, hi - olá
help - ajuda,
help (v) - ajudar
helper - ajudante
her book - seu livro
here (a place) - aqui (um lugar),
here (a direction) - aqui (direcção),
here is - aqui está
hey! - Ei!
hid - escondeu
hide (v)- esconder
hide-n-seek - escondidas
him - ele
his - seu
his bed - seu cama
hit, beat (v)- bater
home, house - casa
homework - tarefa
hope - esperança
hope (v)- ter esperança
hotel - hotel

hotels - hotéis
hour - hora
hourly - por hora
house - casa
how - como
howling - uivado
human - humano
human (adj)- humano(adj)
hundred - cem
hungry - from
I - eu
ice-cream - gelado
idea - idea
if - sim (condicional)
immediately - imediatamente
importante - importante
in - en
in an hour - numa hora
at one o'clock - à uma hora
in front - em frente
individually - individualmente
information - informação
informed - informado
inside - dentro
instead - em vez de
instead of - em vez de
instead of you - em teu lugar
interesting - interessante
Internet site - página web
into - adentro
into the street - para a rua
out of - fora de
it - seu
its (for neuter) - seu
Jack - Jack
jacket - casaco
Japan - Japão
Japanese - japonês
jar - jarra
João - João
job agency - agência de trabalho
join (v)- juntar
José - José
Jose's book - o bloco de notas do José
journalist - jornalista
jump (v)- saltar
jump - salto
just - justo

kangaroo - canguru
Kasper - Kasper
Kasuki - Kazuki
Kazuki's - de Kazuki
kettle - chaleira
key - chave
keyboard - teclado
killed - morto
killer - assassino/a
kilometer - quilómetro
kind, type - classe, tipo
kindergarten - jardim de infância
kiss (v) - beijo
kitchen - cozina
kitten - gatinho
knew - conheceu
know (v) - conhecer
lake - lago
land, earth - terra
land (v)- aterrar
language - lingua /idioma
laser - laser
last - ultimo
last (v) - durar
laugh (v)- rir-se
leader - lider
learn (v) - aprender
learned about - aprendido sobre
learning - aprendendo
leave (v)- sair
left - esquerda
leg - perna
less - menos
lesson - lição
let (v)- deixar/permitir
let us - vamos
letter - carta
lie (v)- mentir
life - vida
life-saving trick - truque de salvamento
lift - elevador
like, love (v)- gostar, amar
limit - limite
Linda (name)- Linda (nome)
lion - lião
list - lista
listen (v) - ouvir
I listen to music. - Eu ouço música.

little - pequeno
live (v)- viver
lived - viveu
living - vivendo
load (v), carry in hands - carregar
carry by transport - transporter
loader - carregador
loading - carregando
long - larga
look (v)- olho
looked - olhado
loose (v)- perder
love - amor
love (v) - amar
loved - amado
machine - máquina
madam - senhora
magazine - revista
make (v)- preparar, fazer
coffee-maker - cafeteira
man, male - homem, masculino
man's map - mapa do homem
manage - conseguir
manual work - trabalho manual
map - mapa
Mary - Maria
matter, business - assunto, negócio
mattress - colchão
may - poder
I may go to the bank.- Eu posso is ar banco.
May I help you?- Posso ajudá-lo?
me - eu
me (v)- mim
mean (v)- significar
meanwhile - entretanto
medical - médico
member - membro
mental - mental
mentally - mentalmente
mental work - trabalho mental
met - conheceu
metal - metal
meter - metro
method - método
microphone - microfone
middle name - segundo nome
Mike - Mike
Mike's - de Mike

mind (v) (be against something) - importar (estar contra algo)
mine - meu
minute - minuto
miss - Menina
mister, Mr.- Senhor, Sr.
mobile - móvel
mom, mother - mamã, mãe
moment - momento
Monday - Segunda-feira
money - dinheiro
monkey - macaco
monotonous - monótono
month - mês
more - mais
morning - manhã
mosquito - mosquito
most - muito
mother - mãe
mother's - da mãe
moved - movido, emocionado
much, many - muito, muitos
music - música
must - dever
I must go. - Eu devo ir.
my - meu
mystery - mistério
name - nome
name (v)- nomear
nationality - nacionalidade
native - nativo
nature - natureza
near - perto
nearby - próximo
nearest - mais próximo
need - necesitar
neighbour - vizinho
never - nunca
new - novo
newspaper - jornal
nice - bonito
night - noite
nine - nove
ninth - nôno
no - não
nobody - ninguém
North America and Eurasia - América do Norte e Euroasia

nose - nariz
not - não
not any - ninguém
note - nota
notebook - bloco de notas
notebooks - bloco de notass
nothing - nada
now - agora
number - número
o'clock - horas
It is two o'clock.- São duas horas.
of course - claro
office - escritório
officer - agente
often - muitas vezes
Oh! - Oh!
oil -óleo
OK, well - OK, bem
old - velho
olympic - olímpico
on - sobre
once - uma vez
one - um
one by one - um por um
one more - mais um
only - só/ somente
open - abrir
opened - abriu
or - ou
order (v)- ordenar
other - outro
our - nosso
out of - fora de
out of order - fora de serviço
outdoors - ao ar libre
outside - fora
over - acabado
own - proprio/a
owner - dono
paid - pagou
pail - balde
pale - pálido/a
panic (v)- entrar em pánico
paper - papel
parachute - paraquedas
parachutist - páraquedistas
parent - pais
park - parque

parks - parques
part - parte
participant - participante
pass (v)- passar
passed exam - passou o exame
passed - passou
past - passado
patrol - patrulha
pay (v) - pagar
pen - caneta, esferográfica
pens - canetas, esferográficas
people - gente, publico
per hour - por hora
Peres - Pérez
person - pessoa
personal - pessoal
personnel department - departamento de
pessoal
pet - animal de estimação
pharmacy - farmácia
phone handset - auricular
photograph (v) - fotografia
photographer - fotógrafo
phrase - frase
picture - fotografía
pill - comprimido
pilot - piloto
pitching - lançamento
place - lugar
place (v)- colocar
plan - plano
plan (v)- planear
planet - planeta
plate - prato
play (v)-brincar
playing - bricando
please - por favor
pocket - bolso
pointed - apontou
Poland - Polonia
police - policía
policeman - agente da policía
pollute (v) - contaminar/poluir
poor - pobre
Portugal - Portugal
Portuguese - português (m), portuguesa(f)
position - posição
possibility - possibilidade

possible - possible
pour (v)- verter/entornar
prepare (v)- preparar
press (v)- pressionar
pretend (v)- fingir
price - preço
problem - problema
produce (v)- produzir
profession - profissão
program - programa
programmer - programador
protect (v)- proteger
publishing - editorial
pull (v)- puxar
puppy - cachorro
pursuit - perseguição
push (v)- empurrar
pussycat - gato/gatinho
put vertically - colocar verticalmente
put horizontally - por horizontalmente
questionnaire - questionário
queue - fila
quick - rápido
quickly - rápidamente
quietly - sossegadamente
quite - sossegado
radar - rádar
radio - radio
railway - linha de comboio
rain - chuva
ran away - fugiu
rang - tocou
rat - ratazana
read (v)- ler
reading - lendo
ready - pronto
real - real
really - realmente
reason - razão
recommend (v) - recomendar
recommendation - recomendação
recommended - recomendado
record (v)- gravar
red - vermelho
refuse (v)- recusar
rehabilitate (v)- reabilitar
rehabilitation - reabilitação
remain (v)- permanecer

remembered - recordado
report, inform (v)- informar
reporter - jornalista
rescue (v)- salvar
rescue service - serviço de resgate
ricochet - ricochete
ride (v) - andar de bicicleta/ montar
right - direita
ring (v)- tocar(soar)
road - estrada
robber - assaltante, ladrão
robbery - assalto
Roberto - Roberto
roof - tecto
room - quarto/sala
rooms - quartos/salas
round, around - à volta/em volta
rub (v)- esfregar
rubber - borracha
rubric - rúbrica
rule - régua
run (v) - correr
running - corrente/a correr
rushed - correu
sad - triste
safe - seguro
said - disse
sand - areia
sandwich - sandes
Saturday - sábado
save (v)- salvar
saw - viu
say (v) - dizer
school - escola, colégio
sea - mar
season - estação/temporada
seat - cadeira/assento,
take a seat (v) - assentar-se
seat belts - cintos de segurança
second - segundo
secret - secredo
secretary - secretária
secretly - secretamente
see (v)- ver
seed - semente
seldom - raramente
sell (v)- vender
sent - enviado

sergeant - sargento
serial - serial
seriously - seriamente
servant - craida
serve (v)- servir
set free (v)- libertar
seven - sete
seventeen (hour) - dezassete horas
seventh - sétimo
sex - sexo
shake (v)- tremer
she - ela
sheet (of paper)- folha
ship - barco
shook- sacudiu
shop - loja
shop assistant - asistente de loja
shopping center - centro comercial
shops - lojas
shore - costa
short - curto
shot - tiro
show (v)- demonstrar
showed - demostrou
silent - calado
silently - silenciosamente
silly - tonto/tolo
simple - simples
since (time point) - desde,
as, since - desde que
since, as - desde que
sincerely - sinceramente,
sing - canta
singer - cantor
single - solteiro
siren - sirene
sister - irmã
sit (v)- assentar-se
sit down (v)- sentar-se
situation - situação
six - seis
sixth - sexto
sixty - sessenta
skill - habilidades
sleep (v) - dormir
sleeping - dormindo
slightly - ligeiramente
slim - esbelto/elegante

slowly - lentamente
sly - manhoso,
slyly - astutamente
small - pequeno
smart - inteligente
smile - sorriso
smile (v)- sonrrir
smiled - sorriu
Smith - Smith
snack - merenda/lanche
Sofia - Sofia
some - algum
somebody - alguém
something -algo
sometimes - algumas vezes
son - filho
soon - breve
space - espaço
spaceship - nave espacial
spaniel - espaniel
speak (v)- falar
speech - discurso
speed - velocidade
speeding - excesso de velocidade
spend (v)- gastar
sport - desporto
sport shop - loja de desporto,
spread (v) - espalhar
square - praça
stairs - escadas
stand (v) - estar de pé
standard - padrão
star - estrela
started (the engine)- ligou
started (to drive)- arrancou
station - estação
status - estatus/ posição social
family status - estado civil
steal (v)- roubar
steer (v) - dirigir, conduzir
step - passo
step (v)- pisar
stepped - pisou
stepping - pisando
still - ainda
stinking - mal cheiroso
stolen - roubado
stone - pedra

stop (v) - deter, parar
stopped - parado
story - historia
strange - estranho
street - rua
streets - ruas
strength - força
strong - forte
strongly - fortemente
student - estudante/aluno
students - estudantes/alunos
study (v)- estudar
stuffed - estofado
stuffed parachutist - páraquedista estofado
suddenly - repentinamente
suitable - adequado
Sunday - domingo
supermarket - supermercado
sure - seguro
surprise - surpresa
surprise (v)- surpreender
surprised - surpreendido
swallow (v)- engolir
swim (v)- nadar
switched on - ligar
table - mesa
tables - mesas
tail - cauda
take (v)- tomar/tirar
take part (v)- tomar parte
taken - tirado
talk (v) - conversar
tanker - contentor
tap - torneira
task - tarefa
tasty - saboroso
taxi - taxi
taxi driver - taxista, condutor de taxi
tea - chá
teach (v)- ensinar
teacher - profesor/a
team - equipa
telephone - telefone
telephone (v)- telefonar
television - televisão
tell, say (v) - contar, dizer
ten - dez
tenth - décimo

test - exame
test - prova
test (v)- provar
text - texto
textbook - livro de texto
than - que
George is older than Linda.- Jorge é mais velho que a Linda.
thank (v) - agradecer
thank you - Obrigado/a
that - que
I know that this book is interesting.- eu sei que este livro é interessante.
that (dem. pr.) - aquilo
that is why - é por isso que
the same - o mesmo
at the same time - ao mesmo tempo
their - seus
them - deles
then - então
after that - depois disso
there (place) - ali (lugar)
there (direction) - ali (direcção)
these - estes
they - eles
thief - ladrão
thieves - ladrões
thing - coisa
think (v)- pensar
thinking - pensando
third - terceiro
thirty - trinta
this - este
this book - este livro
this stuff - estas coisas
those - aqueles
thought-recording - gravar pensamentos
thousand - mil
three - três
through, across - atravessar
ticket - bilhete
tiger - tigre
time - tempo
time goes - o tempo passa
tired - cansado
to be continued - continuará
to call on the phone - ligar
call - chamar

call centre - centro de chamadas
today - hoje
together - juntos
toilet - sanitário
tomorrow - amanhã
too big - muito grande
too, also - também
took - tomou
total - total
town - cidade
toy - brinquedo
train (v)- treinar
trained - treinou
train - comboio
translator - tradutor
transport - transporte
transport (v)- transportar
travel (v)- viajar
trick - camião
tried - tentou
trousers - calças
truck - camião
try (v)- tentar
turn (v)- virar
turn on - ligar
turn off - desligar
turned - moveu
turning - virando, girando
TV-set - televisão
twelve - doze
twenty - vinte
twenty-five - vinte e cinco
twenty-one - vinte e um
twice - duas vezes
two - dois
unconscious - inconsciente
under - debaixo
underline (v)- sublinhar
understand (v)-entender/comprender
understood - entendido
unfair - injusto
United States/USA - Estados Unidos/EUA
unload (v) - descarregar
until - até
us - nós
use (v)- usar/utilizar
usual - usual
usually - usualmente

very - muito
vet - veterinário
videocassette - cassetes de video
video-shop - loja de videos
village - vila
visited - visitado
visitor - visitante
voice - voz
wait (v)- esperar
waited - esperou
walk (v) - caminhar
walking - caminhando
want (v) - querer
wanted - procurado
war - guerra
warm - quente;
warm up (v) - aquecer
was - foi
wash (v)- lavar
washing - lavando
watch - relogio
water - agua
wave - onda
way - caminho
we - nós
weather - tempo, clima
week - semana
went away - saiu
were - era /estava
wet - molhado
whale - baleia,
killer whale - baleia assassina
what - que
What is this?- O que é isto?
What table?- Que mesa?
wheel - roda
when - quando
where - onde
which - qual
while - entretanto

white - branco/a
who - quem
whose - cujo
why - porquê
wide - amplo
widely - amplamente
wind - vento
window - janela
windows - janelas
with - com
without - sem
woman - mulher
woman's - da mulher
wonder - perguntar-se
I wonder whether... - pergunto-me se...
wonderful - maravilhoso/a
word - palavra
words - palavras
work - trabalho, emprego
work (v)- trabalhar
worked - trabalhou
worker - trabalhador
working - trabalhando
world - mundo
worry (v)- preocupar-se
would (conditional) - poderia
write (v)- escrever
writer - escritor
wrote - escreveu
yard - pátio
year - ano
yellow - amarelo
yes - sim
yesterday - ontem
you - tu, você
young - joven
your - teu
yours - teus
zebra - zebra
zoo - zoológico

* * *